Ernst Probst / Doris Probst

# Adolphus Busch

## Das Leben des Bier-Königs

Impressum:
1. Auflage als Print-Buch / Februar 2019
Autoren: Ernst Probst und Doris Probst
Im See 11, 55246 Mainz-Kostheim
Telefon: 06134/21152
E-Mail: ernst.probst (at) gmx.de
DorisProbst (at) gmx.de
Herstellung: Amazon Distribution GmbH, Leipzig
Alle Rechte vorbehalten
ISBN: 978-1793358721

*Für die wertvolle Hilfe bei der Entstehung dieses Buches bedanken sich die Autoren bei*

*Johannes Westerkamp,*
*Autor der Magisterarbeit „Prinz Busch: Studien zum Leben des Deutsch-Amerikaners Adolphus Busch", Berlin*

*Renate Schwaben,*
*Urenkelin von Anton Baptist Busch (Bruder von Adolphus Busch), und ihrem Ehemann Manfred Schwaben, Mainz-Kastel*

*Karl-Heinz Kues,*
*1. Vorsitzender der Gesellschaft für Heimatgeschichte Kastel e. V. 1980*

*Adolphus Busch (1839–1913) im Jahre 1899.*
*Foto: Aufnahme eines unbekannten Fotografen*

# Vorwort

Die Geschichte des jungen Mannes, der mit 18 Jahren von Kastel am Rhein nach St. Louis am Mississippi auswanderte, klingt wie ein modernes Märchen. Von den 22 Kindern seines Vaters war er das Vorletzte. Bereits mit vier verlor er seine Mutter, mit zwölf seinen Vater. 1857 putzte der im Flusshandel tätige elternlose Deutsche in Amerika zeitweise noch Fenster und Fußböden. 1859 wurde er Teilhaber und 1865 Besitzer einer Großhandelsfirma. Seinen größten Erfolg feierte er als Lenker und Miteigentümer der Brauerei seines Schwiegervaters Eberhard Anheuser, die er ab 1864 zur größten in St. Louis, in den USA und vielleicht sogar der ganzen Welt entwickelte. Der Name dieses genialen und experimentierfreudigen „Bier-Königs" ist Adolphus Busch (1839–1913). Er führte ein Leben in unvorstellbarem Luxus und machte sich als großzügiger Wohltäter in den USA und in seiner Heimat verdient. Bei seiner „Goldenen Hochzeit" schenkte er 1911 seiner Gattin „Lilly", die ihn verwöhnte und 14 Kinder gebar, eine mit Diamanten und Perlen verzierte goldene Krone sowie jedem seiner Kinder eine Villa. Zu seinen Freunden gehörten der amerikanische Präsident, der deutsche Kaiser und der britische König, die ihn respektvoll „Prince" nannten. Bei seinen Arbeitern in der Brauerei war er der „King". Sein Begräbnis von 1913 in St. Louis gilt als eines der berühmtesten des 20. Jahrhunderts.

Ernst Probst und Doris Probst, Februar 2019

# Inhalt

*Adolphus Busch*

*„Lilly" Busch*

*Rheinufer von Kastel (unten) und Mainz (oben) im Jahre 1840.*
*Bild: Stich von J. J. Tanner aus „Andenken an den Rhein" (1840)*

*Eintragung der Geburt von Adolph (Adolphus) Busch im Juli 1839.*
*Bild: Gesellschaft für Heimatgeschichte Mainz-Kastel e. V. 1980*

# Die Familie Busch in Kastel

Niemand in Kastel am Rhein ahnte am Mittwoch, 10. Juli 1839, dass dieser Tag einmal als ein ganz besonderer gelten würde. An jenem Sommertag um 4 Uhr nachmittags kam nämlich der größte Sohn, den der Ort bisher hervorgebracht hat, zur Welt. Als Erwachsenem gelang diesem ein kometenhafter Aufstieg zum Chef der größten Bierbrauerei der USA, vielleicht sogar der ganzen Welt. Sein Name war Adolph Busch (1839–1913). Wann und warum der in der Geburtsurkunde eingetragene Vorname Adolph zum lateinischen Taufnamen Adolphus abgeändert wurde, ist nicht bekannt.

Am Tag nach der Geburt kam der 59 Jahre alte Vater in das Büro des Kasteler Bürgermeisters Balthasar Busch III und meldete den Nachwuchs. Die von dem Historiker Dr. Siegmund Probst aus Hannover entzifferte Eintragung über die Geburt hat folgenden Wortlaut: „Im Jahre eintausend achthundert neun und dreisig, den eilften Juli um vier Uhr des Nachmittags ist vor mir, Balthasar Busch, Bürgermeister und Civilstandsbeamten der Gemeinde Kastel, Kanton Mainz, Ulrich Busch, neun und fünfzig Jahre alt, Gastwirth und Gutsbesitzer in Kastel wohnhaft erschienen und hat mir erklärt, dass den zehnten Juli achtzehnhundert und neun und dreisig um vier Uhr des Nachmittags in dem in der Frankfurterstraße dahier gelegenen Lit. Nro. 11 bezeichneten Hause Barbara geborene Pfeiffer, acht und dreisig Jahre alt, mit demselben, in Kastel wohnhaft, und Ehefrau deselben, mit einem Kinde männlichen Geschlechts, welchem der Vorname Adolph beigelegt worden, niedergekommen sei." Balthasar Busch III fungierte von 1823 bis 1843 sowie von 1848 bis 1852 als Bürgermeister von Kastel.

*Grabstein auf dem Friedhof an der Boelckestraße von Mainz-Kastel
mit dem Geburtsdatum 5. April 1797 von Barbara Busch,
der Mutter von Adolphus Busch.
Foto: Ernst Probst, Mainz-Kostheim*

Das in der Eintragung über die Geburt angegebene Alter von 38 Jahren der Mutter Barbara von Adolphus ist wohl falsch. Denn deren Geburtsjahr wäre demnach 1801 gewesen. Auf dem Grabstein im Friedhof an der Boelckestraße von Mainz-Kastel steht das Geburtsdatum 5. April 1797. Ungeachtet dessen liest man manchmal, die Mutter wäre 1799 zur Welt gekommen. Im englischsprachigen Buch „Under the Influence. The Unauthorized Story of the Anheuser-Busch Dynasty" (1991) der amerikanischen Autoren Peter Hernon und Terry Ganey wird das Alter der Mutter zum Zeitpunkt der Geburt von Adolphus mit 41 Jahren angegeben. Zwei Tage nach der Geburt von Adolphus erfolgte in der Kasteler katholischen Kirche „St. Georg" die Taufe.

Das Geburtshaus von Adolphus existiert längst nicht mehr. In der Frankfurter Straße – so die heutige Schreibweise – gibt es zwar ein Gebäude mit der Hausnummer 11. Doch die Jahreszahl 1908 an der Vorderfront deutet darauf hin, dass dieses Gebäude ein Menschenleben nach der Geburt von Adolphus errichtet wurde. Seit 1915 befindet sich in jenem Haus ein Friseursalon.

Für Historiker, die sich mit der Geschichte der Familie Busch befassen, ist es ein Glücksfall, dass im rechtsrheinischen Mainzer Brückenkopf Kastel bereits 1808 eine staatliche Personenstands-Registrierung eingeführt wurde. Denn ab diesem Zeitpunkt hat die Kommune alle Geburten und Sterbefälle registriert. Vor einer kirchlichen Trauung war eine Ziviltrauung erforderlich. Diese Register liegen beim „Stadtarchiv Wiesbaden" mit der Adresse „Im Rad 42, 65197 Wiesbaden".

Der Vater von Adolphus hieß Udalrico („Ulrich") Busch (1779–1852), kam am 12. Dezember 1779 als letztes von sieben

*Frankfurter Straße 11 heute.*
*In dieser Straße*
*wurde am 10. Juli 1839*
*Adolphus Busch geboren.*
*Fotos: Ernst Probst,*
*Mainz-Kostheim*

Kindern seiner Eltern in Kastel zur Welt und starb dort auch am 3. Juli 1852. Die Eltern von Ulrich und Großeltern von Adolphus waren der Kasteler Schiffer Matthias Busch (1743–1816) und dessen Ehefrau Ursula, geborene Reusch (10. Oktober 1823 in Kastel gestorben).

Bevor Adolphus 1839 das Licht der Welt erblickte, hatte sein Vater schon viel erlebt. 1792 besetzten französische Truppen unter General Custine (1740–1793) neben Mainz auch Kastel. 1793 waren Kastel und Kostheim der Kriegsschauplatz zwischen Franzosen einerseits sowie Preußen und Österreichern andererseits. Am 24. Juli 1793 zogen die Franzosen mit Sack und Pack ab. 1795 und 1796 erschienen französische Soldaten in bzw. vor Kastel, mussten aber wieder weichen. 1797 besetzten die Franzosen wieder Kastel. Am 19. Mai 1801 war der Mainzer Kurfürst Friedrich Karl Joseph von Erthal (1774–1802) erneut Landesherr von Kastel. Im Juni 1802 fuhr der berüchtigte Räuber Schinderhannes (vermutlich 1779–1803), eigentlich Johannes Bückler, zweimal als Gefangener durch Kastel. Am 21. November 1803 wurde er zusammen mit 19 Komplizen in Mainz geköpft. Zwischen 1803 und 1806 war Fürst Friedrich August von Nassau-Usingen (1738–1810) der Landesherr von Kastel. 1804 besichtigte der französische Kaiser Napoléon Bonaparte (1769–1821) die Festungsanlagen von Kastel und Kostheim. Am 12. März 1806 trat Nassau-Usingen die Orte Kastel und Kostheim an Frankreich ab. Am Abend des 16. Dezember 1812 traf Napoléon mit Resten seiner in Russland geschlagenen Armee in Kastel ein und ließ sich von Fährleuten über den Rhein nach Mainz rudern. Nach monatelanger Belagerung zogen die Franzosen am 14. Mai 1814 aus Kastel ab und die Deutschen ein. Ab 1816 gehörte Kastel zum Großherzogtum Hessen-Darmstadt. Nun

*Die von 1830 bis 1832 erbaute Kaserne Reduit*
*stand bereits in den Kindertagen von Adolphus Busch*
*am Rheinufer in Kastel.*
*Foto: Judith Pense (via Wikimedia Commons),*
*Lizenz: gemeinfrei (Public domain)*

fungierte Großherzog Ludwig I. von Hessen und bei Rhein (1753–1830) als Landesherr von Kastel. 1816 erlebten auch die Kasteler die Auswirkungen des „Jahres ohne Sommer". Von 1830 bis 1832 entstand am Rheinufer von Kastel die Kaserne Reduit zur Sicherung der damaligen Schiffsbrücke. Ulrich Busch war ein geachteter und vielseitiger Geschäftsmann. Im Geburtenregister des „Standesamts Kastel" (1807–1850), dem „Sterberegister Kastel" (1809–1814), in den „Eheproklamationen Kastel 1815" (vorgeheftet dem Heiratsregister ab 1819) und dem „Heiratsregister Kastel" (1819–1875) werden unterschiedliche Berufe erwähnt: zur Franzosenzeit 1810 cultivateur, marchand de planches und 1812/1813 marchand de planches, 1815 Bordenhändler, 1815/1816 Holzhändler, 1817/1820 Oekonom, 1823 Adjunkt (Ortsvorsteher), 1824 Adjunkt und Handelsmann, 1825/1826, 1828/1829 Adjunkt und Holzhändler, 1832 Adjunkt, Gastwirt und Holzhändler, 1834/1835/1836 Adjunkt und Holzhändler, 1839 Gastwirt und Gutsbesitzer, 1844 Gutsbesitzer und Stadtrat.

Laut der Magisterarbeit „Prinz Busch: Studien zum Leben und Wirken des Deutsch-Amerikaners Adolphus Busch" von Johannes Westerkamp galt Ulrich Busch als größter Oekonom und Holzhändler in Kastel. Er betrieb Holzhandel und Flößerei, besaß Weingärten auf dem Erbenheimer Berg und forstwirtschaftlich genutztes Land und führte – wie erwähnt – 1832 und 1839 ein Gasthaus. Trotz intensiver Recherchen war nicht mit letzter Sicherheit herauszufinden, wo und wie lange er sich als Wirt betätigte. In der Magisterarbeit von Westerkamp wird vermutet, Ulrich könnte in Kastel das Gasthaus „Mainzer Hof" betrieben haben. Zwischen 1849 und 1859 gehörte der „Mainzer Hof" Franz Busch, einem Sohn von Balthasar Busch, der ein Bruder von Ulrich Busch war.

Auch privat stand Ulrich Busch, der jeweils merklich jüngere Frauen heiratete, seinen Mann. Drei Ehen und insgesamt 22 Kinder belegen dies. Aus der am 4. Juli 1805 geschlossenen ersten Ehe von Ulrich mit der offenbar 15 Jahre alten Catharina Ankermüller (1790 geboren, 24. April 1815 gestorben) gingen sieben Kinder hervor:

der Zwilling Kaspar (27. April 1806 in Kastel geboren, 5. Februar 1855 in Kastel gestorben), Holzhändler und Gastwirt, verheiratet am 6. Februar 1839 mit Thekla Koch,

der Zwilling Matthias (27. April 1806 in Kastel geboren, 28. Januar 1881 in Kastel gestorben), lediger Privatmann,

Georg (26. November 1808 in Kastel geboren),

Balthasar (15. September 1810 in Kastel geboren, 2. Oktober 1810 in Kastel gestorben),

Catharina (4. März 1812 in Kastel geboren, 19. August 1813 in Kastel gestorben),

Balthasar (15. Mai 1813 in Kastel geboren, 22. September 1904 in Kastel gestorben), Ökonom, verheiratet am 20. Februar 1838 mit Luise Simon,

Barbara (6. März 1815 in Kastel geboren).

Die erste Ehefrau Catharina starb ungefähr anderthalb Monate nach der Geburt ihres siebten Kindes Barbara am 24. April 1815. Sie war noch nicht sehr lange tot, als der Mittdreißiger Ulrich Busch am 17. September 1815 oder am 3. Mai 1816 eine zweite Ehe mit der zwischen 14 und 18 Jahre alten Barbara Pfeiffer schloss. Der 17. September 1815 wird in Unterlagen des „Stadtarchivs Wiesbaden" als Hochzeitstag erwähnt und dürfte aus den „Eheproklamationen 1815" stammen. Der 3. Mai 1816 als Hochzeitstag steht in dem erwähnten Buch „Under the Influence" von Peter Hernon und Terry Ganey sowie in der Magisterarbeit „Prinz Busch" von Johannes

Westerkamp. Barbara wurde zwischen 1797 und 1801 geboren und starb 1844. Wenn die Altersangabe 38 Jahre für Barbara aus der Geburtsurkunde von Adolphus vom 11. Juli 1839 zuträfe, hätte sie mit nur 14 oder 15 Jahren geheiratet. Wie dem auch sei: Bei der zweiten Hochzeit war Eile geboten, denn es gab einige minderjährige Kinder zu versorgen. Barbara war die Tochter des Gastwirts Kaspar Pfeiffer und dessen Ehefrau Katharina, geborene Hauck. Während der zweiten Ehe folgten 15 weitere Kinder, darunter Adolph bzw. Adolphus:

Catharina (28. Mai 1816 in Kastel geboren), verheiratet am 30. Dezember 1834 mit Postexpeditor und Gastwirt Johann Baptist Dosch,

Henricus („Heinrich"), (21. November 1817 in Kastel geboren, 25. Februar 1823 in Kastel gestorben),

Margaretha (2. Juni 1820 in Kastel geboren), verheiratet am 30. April 1844 mit Forstmeister Gottfried Schlichter in Eltville,

Gertrude (25. Dezember 1821 in Kastel geboren, 3. Januar 1823 in Kastel gestorben),

Anna Katharina (20. Februar 1823 in Kastel geboren, 3. April 1825 in Kastel gestorben),

Apollonia (19. Juli 1824 in Kastel geboren, 1918 gestorben), verheiratet am 11. November 1841 mit Regierungscanzlist Johann Peter Rock (geboren in Heidenrod/Laufenselden, 5. Dezember 1853 gestorben) in Wiesbaden, verheiratet am 3. Juni 1855 mit Franz Ferdinand Reisinger (1816–1866), seit 1850 am Rhein lebender ungarischer Emigrant, Besitzer und Herausgeber der „Mittelrheinischen Zeitung" aus Wiesbaden,

Anna Maria (10. April 1826 in Kastel geboren), verheiratet am 5. Februar 1842 mit Postexpeditor Johann Baptist Dosch aus

*Geburtsurkunde der am 28. Mai 1816
in Kastel geborenen Catharina Busch,
einer Schwester von Adolphus Busch.
Bilder: Stadtarchiv Wiesbaden*

Kastel, der zuvor der Ehemann ihrer neun Jahre älteren Schwester Catharina war,

Ernestina (27. Februar 1828 in Kastel geboren), verheiratet am 4. Mai 1848 mit dem Müller Michael Joseph Klippel in Mainz,

Georgius („Georg") Henricus (2. November 1829 in Kastel geboren),

Johann, später John (17. August 1832 in Kastel geboren, 1922 gestorben), gründete 1854 die „Washington Brewery", später die „John B. Busch Brewery", jeweils in Washington (Missouri),

Georg Udalricus, später Ulrich junior (22. Dezember 1833 in Kastel geboren, 1923 gestorben), verheiratet am 7. März 1861 mit Anna Anheuser (1839–1916),

Joseph Baptist (3. Juni 1835 in Kastel geboren, 1895 in Sullivan, Franklin County, Missouri gestorben), verheiratet am 21. August 1878 mit Lena Auer (1850 geboren),

Antonius („Anton") Baptist (16. Dezember 1836 in Kastel geboren, 26. März 1904 in Kastel gestorben), verheiratet am 25. April 1861 mit Franziska Busch (1840–1873), der Tochter seines Halbbruders Caspar Busch und dessen Ehefrau Thekla, geborene Koch, nach deren Tod verheiratet am 26. Juni 1877 mit deren Schwester Katharina Busch (1850 geboren, nicht in Kastel gestorben),

Adolph, später Adolphus I oder Adolphus senior (10. Juli 1839 in Kastel geboren, 10. Oktober 1913 in Langenschwalbach, genauer gesagt in der „Villa Lilly" bei Lindschied, gestorben), Großbrauerei-Besitzer in St. Louis,

Peter August (8. Juni 1842 in Kastel geboren, 11. November 1905 in Wiesbaden gestorben), Kaufmann, verheiratet mit Emilie Lieberich.

Die erwähnten Geburts- und Sterbedaten der Kinder von Ulrich Busch senior und seiner Ehefrau Barbara stammen aus Unterlagen des „Stadtarchivs Wiesbaden" und weichen teilweise von anderen Quellen ab. Statt von insgesamt 22 Kindern ist im Internet zuweilen von 20, 21 oder 23 die Rede. Offenbar haben die betreffenden Autoren aus fehlerhaften Quellen abgeschrieben, statt selbst in amtlichen Registern nachzuforschen. Adolphus war noch keine fünf Jahre alt, als seine Mutter Barbara am 12. März 1844 im Alter zwischen 42 und 46 Jahren in Kastel an Erschöpfung starb. Nach dem Tod seiner zweiten Ehefrau Barbara blieb der Witwer Ulrich Busch wieder nicht lange alleine. Im „Kirchenbuch Kastel 3", Seite 32, Nr. 17, ist am 23. Juni 1844 die dritte Ehe mit einer erneut merklich jüngeren Gattin eingetragen: „Ulrich Busch aus Kastel, Verwalter (oeconomus), 64 Jahre alt, Witwer von Barbara, geb. Pfeifer, ehelicher Sohn des verstorbenen Mathias Busch und der verstorbenen Ursula geb. Reusch, mit Maria Thekla Fischer aus Kastel, 47 Jahre alt, Tochter des verstorbenen Franz Fischer und der verstorbenen Elisabetha Schmidt. Zeugen waren Georg Pfeifer und Jakob Fischer."

Die dritte Ehe mit der 1796 in Kastel geborenen und am 9. Februar 1866 in Kastel gestorbenen Gutsbesitzertochter Maria Thekla blieb kinderlos.

Die Inschrift des heute noch vorhandenen Grabsteines auf dem Friedhof an der Boelckestraße in Mainz-Kastel erwähnt nur die zweite Ehefrau Barbara von Ulrich Busch und Mutter von Adolphus. Ob es dafür besondere Gründe gab, weiß man heute nicht mehr.

Seine Kindheit und Jugend verbrachte der römisch-katholische Adolphus in Kastel, das – wie erwähnt – seit 1816 zum Großherzogtum Hessen-Darmstadt gehörte. Irgendwann lebte die Großfamilie Busch im „Schützenhof" in der Schützenstraße an der Ecke Zehnthofstraße. Bei der Erziehung legte sein Vater besonderen Wert auf Disziplin, Sparsamkeit, Loyalität und harte Arbeit. Andererseits kam rheinische Geselligkeit nicht zu kurz. Im Haus der Familie Busch lebte man nach der Devise „Essen und Trinken hält Leib und Seele zusammen".

Wenige Tage vor seinem 13. Geburtstag am 10. Juli 1852 verlor der zwölfjährige Adolphus seinen Vater. Ulrich Busch starb am 3. Juli 1852 im Alter von 72 Jahren in Kastel. Vielleicht kümmerten sich danach die Stiefmutter Maria Thekla oder ältere Halbgeschwister bzw. Geschwister um das Waisenkind Adolphus, das zeitweise auswärts zur Schule ging, studierte und arbeitete.

Adolphus besuchte vermutlich die „Großherzoglich-Hessische Provinzialrealschule" (heute: „Gymnasium am Kurfürstlichen Schloss") in Mainz und studierte an der Akademie in Darmstadt sowie an einer Brüsseler Hochschule, wo er die französische und englische Sprache lernte. Ob Adolphus tatsächlich im 1831 gegründeten „Gymnasium am Kurfürstlichen Schloss" in Mainz unterrichtet wurde, lässt sich nicht überprüfen. Die Aufzeichnungen im Archiv beginnen dort erst ab 1930. Nichts Genaues weiß man auch über das Studium an der Akademie in Darmstadt. Im Darmstädter Adressbuch wird Adolphus zur fraglichen Zeit nicht erwähnt. Als Jugendlicher arbeitete er kurze Zeit im Kasteler Holzhandel seiner Familie. Nach Angaben von Dekan D. May aus Bad Schwalbach betätigte er sich als Floßführer auf dem Main und Rhein. Danach machte er sich in der Brauerei „Zum Goldenen Anker" seines Onkels Peter Koch in der Schützenstraße von Kastel nützlich. 1856 war der 17-Jährige bei einem Handelsunternehmen im Kölner Hafen beschäftigt.

*Gemälde des amerikanischen Raddampfers „North Star"*
*von James Bard (1815–1897)*

*Brauerei und Gasthaus „Zum Goldenen Anker"*
*in der Schützenstraße von Kastel*

# Mit 18 nach Amerika

Von Erfolgsgeschichten über Auswanderer fasziniert, die seine Brüder in Briefen schilderten, und vom Fernweh gepackt wanderte Adolphus Busch im Herbst 1857 aus Deutschland nach Amerika aus. Der 18-Jährige betrat in Bremerhaven ein Schiff und fuhr damit über den Atlantik nach New York. Einem Artikel des „Weser-Kurier" von Lisa Boekhoff zufolge, der am 3. August 2018 erschien, ist die Überfahrt mit dem Schiff „North Star" erfolgt. Der Bericht trug die Überschrift „Wie der Bierkönig nach St. Louis kam".

Bei der „North Star" („Nordstern") handelte es sich um einen rund 82 Meter langen hölzernen amerikanischen Raddampfer. Das Schiff war mit vier mit Kohle beheizten Dampfkesseln und zwei Segelmasten ausgestattet. Der in einer Werft auf Long Island gebaute und 1853 in Dienst gestellte Dampfer fuhr für den New Yorker Reeder Cornelius Vanderbilt (1794–1877) von New York nach Southampton und Bremerhaven sowie zurück.

Bei der Fahrt der „North Star", die am 23. Oktober 1857 in New York ankam, war Adolphus Busch nachweislich mit an Bord. Sein Name steht auf der bis heute erhaltenen langen Liste der Passagiere.

Der Anfang der 1830er Jahre an der Wesermündung neu gegründete „Bremer Haven" entwickelte sich zum bedeutenden Überseehafen und größten Auswandererhafen Europas. Vor Abfahrtsterminen von Auswandererschiffen warteten unzählige Menschen teilweise tagelang auf das Auslaufen ihrer Schiffe. Dies hatte chaotische Verhältnisse und Wucherpreise für Übernachtungsquartiere zur Folge. Um die Versorgung und Unterbringung der Auswanderer zu verbessern, ließ der

„Auswandererhaus" in Bremerhaven
für die Unterbringung und Verpflegung von Auswanderern,
1849/1850 von Heinrich Müller erbaut
Bild: Lithographie von W. Casten aus dem Jahre 1850
(via Wikimedia Commons), Lizenz: gemeinfrei (Public domain)

Kaufmann Johann Georg Clausen 1849/1850 zwischen Geeste und Altem Hafen eine 2.900 Quadratmeter große Herberge errichten, die man „Auswandererhaus" nannte. Dazu gehörten große Schlaf- und Speisesäle, Waschräume, Küche, Krankenstation und eine Kapelle. Bis zu 2.000 Menschen fanden darin Platz und bis zu 3.500 Personen konnten mit warmen Mahlzeiten verköstigt werden. Außer Auswanderen kamen auch Matrosen, Werft- und Hafenarbeiter. Nach der Eröffnung der Bahnstrecke Bremen–Bremerhaven ab 1855 mussten immer weniger Durchreisende in Bremerhaven einquartiert werden, da sie nun erst am Tag der Abreise im Hafen ankamen. 1864 wurde das „Auswandererhaus" geschlossen.

Die auf der Vanderbilt-Linie von New York nach Bremerhaven und zurück fahrenden amerikanischen Raddampfer „Ariel" und „North Star" bewährten sich nach Ansicht von Schifffahrts-Experten nicht. Im Buch „1000 Jahre Seefahrt. Helden – Reisen – Schiffe" (1934) von Anton Mayer heißt es, diese beiden Dampfer hätten häufig Defekte gehabt und seien ganz unpünktlich gewesen. In Bremen herrschte deswegen allgemeine Empörung. Amerikaner waren vor allem wegen der „Postschlamperei" wütend.

Der im Februar 2017 anlässlich des „Super Bowl" gezeigte einminütige Werbefilm „Born The Hard Way" der Brauerei „Anheuser-Busch InBev" zeigte die stürmische Überfahrt von Adolphus Busch und dessen Probleme bei der Ankunft in Amerika. „Wir wollen dich hier nicht! Geh zurück nach Hause!" wurde der junge Einwanderer angebrüllt. Doch er schlug sich nach St. Louis (Missouri) durch. Im Internet verbreitete sich der Werbespot 2017 rasend schnell und erreichte mehr als zwei Millionen Clicks. Man wertete ihn als Beleg dafür, wie wertvoll und wichtig Einwanderung für die USA sei.

*St. Louis zur Zeit der Ankunft*
*von Adolphus Busch im Jahre 1857.*
*Bild: Illustration „The Levee or Landing St. Louis, Missouri, 1857"*
*in „Ballou's Pictorial Drawing Room Companion,*
*Boston, Massachusetts" (1857)*

*Schlacht am „Little Bighorn von 1876.*
*Gemälde des Sioux-Häuptlings „Kicking Bear" (1846–1904*
*(„Ausschlagender Bär") von 1898.*
*Bild: via Wikimedia Commons, Lizenz: gemeinfrei (Public domain)*

Missouri war 1857 neben Michigan, Illinois, Indiana, Iowa, Wisconsin und Minnesota eine von deutschen Einwanderern bevorzugte Region. Über die damalige finanzielle Lage von Adolphus liegen widersprüchliche Angaben vor. Einerseits ist von einer mäßigen Erbschaft, andererseits von 16.000 Gulden die Rede. Letzteres konnte man am 16. Oktober 1913 im „Neueste Anzeiger Mainz" nachlesen.

Bei der Ankunft von Adolphus Busch in St. Louis befanden sich die USA noch auf ihrem historischen Marsch in den „Wilden Westen". Die weiße Zivilisation reichte erst wenig über den Mississippi hinaus. In St. Louis lebten damals zehnmal mehr Menschen als 20 Jahre früher. Die Stadt am Mississippi diente als Einfallstor nach Westen und Südwesten.

Im „Wilden Westen" tobten nach der Ankunft von Adolphus Busch noch Indianerkriege. Ihr Anfang wird mit dem Krieg der ersten englischen Kolonisten gegen die Powhatan-Föderation ab 1620 markiert, ihr Ende mit dem „Massaker von Wounded Knee" im Dezember 1890, mit dem der Widerstand der Prärie-Indianer gebrochen wurde. Als bekanntestes Ereignis der Indianerkriege gilt die Schlacht am „Little Bighorn" von 1876. Dabei fügte eine aus Sioux, Cheyenne und Arapahao bestehende Streitmacht der Indianer dem US-Heer eine schwere Niederlage zu. Mit den Indianerkriegen hatte Adolphus nichts zu tun.

Zum Zeitpunkt der Auswanderung von Adolphus waren seine Mutter (1844 gestorben) und sein Vater (1852 gestorben) bereits tot. Drei seiner älteren Brüder wanderten vor ihm in die USA aus. Johann (John) Busch (1832–1922), seit 1849 in den USA, gründete eine Brauerei in Washington (Missouri). Ulrich Busch junior (1833–1923) betrieb in Chicago seine Geschäfte mit Brauereibedarf. Anton Baptist Busch (1836–

1904) kehrte später nach Kastel zurück, wohnte im „Schützenhof" in der Schützenstraße und betätigte sich erfolgreich als Weinhändler. Nach Auskunft seiner Enkelin Carola Wagner-Wallenstein verbrachte er jeweils eine Hälfte des Jahres in den USA. Anton Baptist heiratete am 25. April 1861 die Tochter Franziska (27. Dezember 1840 geboren) seines Halbbruders Kaspar und am 26. Juni 1877 einige Jahre nach deren Tod ihre Schwester Catharina (29. September 1850 geboren).

Erster Arbeitgeber des jungen Adolphus Busch in St. Louis war der deutsche Einwanderer William Heinrichshofen (1825–1908). Dieser betrieb ein Großhandels- und Kommissionshaus mit Lagern nahe des Mississippi-Ufers. Adolphus war Laufbusche und „Mann für alle Fälle". Anfangs musste er noch Fenster und Fußböden putzen. Nach einigen Monaten durfte er am Pier als „mud clerk" bei Wind und Wetter die mit Mississippi-Dampfern in St. Louis eintreffenden Waren begutachten und Kaufentscheidungen fällen. Es dauerte nicht lange, bis er sich im Flusshandel am Mississippi als Schnäppchenjäger hervortat. Dabei nutzte er auch die Chancen, privat preisgünstige Waren zu kaufen und zu verkaufen. Besonders geschickt war er bei der Beurteilung von Brauereibedarf wie Hopfen, Malz und Gerste.

Mit dem zu einem unbekannten Zeitpunkt ausbezahlten Erbteil seines 1852 in Kastel verstorbenen Vaters wurde der erst 20-jährige Adolphus Busch 1859 zum Teilhaber der Großhandelsfirma für Brauereibedarf von Ernst Wattenberg (1835–1911) in St. Louis. Ihre Firma hieß „Wattenberg, Busch & Company". Adolphus war nun kein Angestellter mehr, sondern ein Unternehmer.

Bis Ende der 1830er Jahre trank man in den USA vor allem nach englischem Vorbild gebraute Starkbiere mit hohem

Alkoholgehalt wie „Porter", dunkles „Stout" mit starkem Hopfengeschmack oder hopfenloses „Ale". Deutsche Bierbrauer brachten ein helleres und leichteres „Lagerbier" ins Land. Dieses entstand durch einen sehr langsamen, sich durch spezielle Hefe am Boden vollziehenden Gärungsprozess. Bei der Herstellung und Lagerung jenes Lagerbieres führte man Jungbier als natürliche Kohlensäurequelle hinzu. Weil man niedrige Temperaturen benötigte, musste dieses Bier im Winter gebraut und in Felsenkellern gelagert werden.

*Eberhard Anheuser (1806–1880).*
*Porträt in William Hyde und Howard L. Conard:*
*„Encyclopedia of the History of St. Louis.*
*A Conpendium of History*
*and Biography for Ready Reference" (1899).*
*Foto: The States Historical Society of Missouri*

# „Papa Anheuser" in Helmstedt

In St. Louis lernte Adolphus Busch die blondgelockte, blauäugige Elisa („Lilly") Anheuser (1844–1928) kennen und verliebte sich in sie. „Lilly" war das siebte Kind von Eberhard
Anheuser (1806–1880) aus Kreuznach (seit 1924 Bad Kreuznach). Eberhard kam am 27. September 1806 im damals von
französischen Truppen besetzten Kreuznach zur Welt. In der
Literatur wird oft 1805 als Geburtsjahr von Eberhard angegeben. Doch ein von ihm am 7. Mai 1869 in den USA einge-
reichter Passantrag erwähnt den 27. September 1806 als Geburtsdatum. Nach den Beschlüssen des „Wiener Kongresses"
wurden Kreuznach und Umgebung 1815 ein Teil von Preußen.
Die Vorfahren von Eberhard Anheuser hatten bereits 1627 in
Kreuznach erfolgreich Weinbau betrieben. Eberhard erlernte
den Beruf des Kerzenherstellers und Seifensieders und arbeitete ab Mitte der 1830er Jahre als Seifensiedermeister in Helmstedt (Herzogtum Braunschweig). Nach Auskunft der ehemaligen Geschichtslehrerin, pensionierten Oberstudienrätin und
ehrenamtlichen Stadtarchivarin Ilse Moshagen-Siegl war Anheuser seit dem 7. Oktober 1835 Bürger von Helmstedt. Von
1836 bis 1844 ist er in der Straße Papenberg gemeldet gewesen,
wanderte aber bereits 1842 aus, ohne sich sofort abzumelden.
Dort lebten vorher und später Seifensieder. Eberhard's Ehefrau
Marie Dorothee Franziska (1814–1854), geborene Richter,
stammte aus dem nahen Schöningen, wo 1835 die Hochzeit
stattfand. Als ihr Geburtsjahr wird im Internet oft fälschlicherweise 1815 angegeben.
Im Kirchenbuch von „St. Stephani" in Helmstedt findet man
unter Taufen von 1831 bis 1842 folgende Einträge über Kinder
von Eberhard Anheuser und seiner Ehefrau:

*Evangelisch-lutherische Kirche „St. Stephani"*
*in Helmstedt.*
*Reproduktion aus dem Buch*
*„Helmstedt in alten Ansichten" (1908).*
*Foto: via Wikimedia Commons,*
*Lizenz: gemeinfrei (Public domain)*

1. Taufeintrag, S. 248/249, Nr. 9: Wilhelm Gustav Anton Anheuser, geb. am 6. 2. 1836 und getauft am 18. 3. 1836. Die Eltern sind Herr Eberhard Anheuser, Bürger und Seifensiedermeister, und Frau Marie Dorothee Franziska, geb. Richter 22 Jahre alt. Die Paten sind 1. Herr August Gustav Wilhelm Richter, Kramnädler aus Schöningen und 2. der Vater des Kindes.

2. Taufeintrag, S. 308/309, Nr. 23: Hermine Auguste Elisabeth Anheuser, geb. am 19. 3. 1837 und getauft am 22. 4. 1837. Die Eltern sind Herr Eberhard Anheuser, Bürger und Seifenfabrikant, und Frau Marie Dorothee Franziska, geb. Richter 23 Jahre alt. Die Paten sind 1. Herr Johann Heinrich Carl Jäger, Müllermeister aus Schöningen, 2. Frau Auguste Georgine Elisabeth Richter, eines Kramnädlers Frau aus Schöningen und 3. Frau Elisabeth Wilhelmine Doris Schelm die Frau eines Steuerofficianten aus Schöningen.

3. Taufeintrag, S. 364/365, Nr. 45: Anna Wilhelmine Dorothee Anheuser, geb. am 19. 5. 1838 und getauft am 29. 6. 1838. Die Eltern sind Herr Eberhard Anheuser, Bürger und Seifensiedermeister, und Frau Marie Dorothee Franziska, geb. Richter 24 Jahre alt. Der einzige Pate ist der Vater des Kindes.

4. Taufeintrag, S. 448/449, Nr. 19: Eduard Adolph August Anheuser, geb. am 9. 2. 1840 und getauft am 18. 3. 1840. Die Eltern sind Herr Eberhard Anheuser, Bürger und Seifensiedermeister, und Frau Marie Dorothee Franziska, geb. Richter 26 Jahre alt. Die Paten sind 1. Herr Heinrich Anton Adolph Richter, Handlungsdiener aus Schöningen und 2. der Vater des Kindes.

5. Taufeintrag, S. 510/511, Nr. 53: Eduard Jacob Heinrich Anheuser, geb. am 24. 4. 1841 und getauft am 3. 6. 1841. Die Eltern sind Herr Eberhard Anheuser, Bürger und Seifen-

*Schöningen, der Geburtsort*
*von Marie Dorothee Franziska*
*Anheuser, geborene Richter,*
*um 1910.*
*Foto: via Wikimedia Commons,*
*Lizenz: gemeinfrei,*
*(Public domain)*

siedermeister, und Frau Marie Dorothee Franziska, geb. Richter 27 Jahre alt. Der einzige Pate ist der Vater des Kindes. 6. Taufeintrag, S. 5767577, Nr. 83: Emilie Amalie Dorette Anheuser, geb. am 13. 8.1842 und getauft am 22. 9. 1842. Die Eltern sind Herr Eberhard Anheuser, Bürger und Seifensiedermeister, und Frau Marie Dorothee Franziska, geb. Richter 29 Jahre alt. Die einzige Patin ist die Hebamme Frau Johanne Dorothee Juliane Gröning. Im Folgebuch über Taufen von „St. Stephani" in Helmstedt sind keine Einträge zu Anheuser mehr zu finden.

Im Gegensatz zu vielen anderen Autoren geht Johannes Westerkamp in seiner Magisterarbeit „Prinz Busch" davon aus, dass Eberhard Anheuser bereits 1842 mit Ehefrau und Kindern nach Amerika auswanderte. Laut Westerkamp lebte die Familie Anheuser zwei Jahre lang in Cincinnati, bevor sie 1844 nach St. Louis zog. In dieser Stadt am Mississippi kam Elisa („Lilly") Anheuser zur Welt. Im Online-Lexikon „Wikipedia" werden der 12. August 1844 als Geburtstag und St. Louis als Geburtsort angegeben.

Etwas ganz anderes liest man im Buch „Under the Influence" von Peter Hernon und Terry Ganey. Die beiden Autoren schreiben, Elisa („Lilly") Anheuser sei am 13. August 1844 in Braunschweig geboren worden. Dies soll kurz nach der Auswanderung ihres Vaters nach Amerika geschehen sein. Doch in Kirchenbüchern von Braunschweig und Umgebung erfolgte 1844 und 1845 kein Taufeintrag für Anheuser. Dies ergab eine Durchsicht in alphabetischen Registern zahlreicher Kirchenbücher, um die der Buchautor Ernst Probst das „Landeskirchliche Archiv Wolfenbüttel" gebeten hatte. Durchgesehen wurden folgende Kirchenbücher: St. Andreas, Domgemeinde, St. Georg, Bugenhagen/Gliesmarode, St. Katharin, Kreuzkloster, Lamme, Lehndorf, St. Magni, St. Martini, Mascherode, Melverode, St. Michaelis, Ölper, St. Petri, Querum, Riddagshausen, Rühme/Veltenhof, Stöckheim, Thuna und St. Ulrici.

Falls man der englischsprachigen Internetseite „Find A Grave" Glauben schenken darf, kam im März 1850 eine weitere Tochter von Eberhard Anheuser namens Wilhelmina zur Welt. Wenn dies zuträfe, hätte Eberhard acht Kinder gezeugt. Wilhelmina heiratete 1872 den Unternehmersohn Peter Schüttler II (1841–1906), gebar fünf Kinder (Peter, Carl, Walter, Adolph B., Lillian) und starb 1901.

In Büchern und im Internet werden Eberhard Anheuser unterschiedlich viele Kinder mit teilweise anderen Vornamen zugeschrieben. Im Online-Lexikon „Wikipedia" beispielsweise hat man 2018 irrtümlicherweise eine Tochter Cecily als Erstgeborene und einen Sohn August als Letztgeborenen erwähnt. Cecily kommt im Helmstedter Kirchenbuch nicht vor. Und August Anheuser (1845–1905) war ein Neffe von Eberhard Anheuser aus Kreuznach.

Die Ehefrau von Eberhard Anheuser und ihre Kinder kamen – laut verschiedenen Quellen – erst 1845 nach St. Louis. Im Buch „Under the Influence" heißt es, „Lilly" sei im Alter von sechs Monaten zusammen mit ihrer Mutter, ihren Schwestern und Brüdern in die USA ausgewandert. Falls dies zuträfe, wäre es theoretisch auch möglich, dass Marie Dorothee Franziska Anheuser nach der Auswanderung ihres Ehemannes und vor ihrer eigenen Ausreise 1844 bei Verwandten in Schöningen oder in Kreuznach gelebt und dort ihr letztes Kind zur Welt gebracht hat.

Nach dem Druck der ersten Auflage des Taschenbuches „Adolphus Busch" erfuhr der Autor Ernst Probst vom

„Landeskirchlichen Archiv Wolfenbüttel" im März 2019 nur das korrekte Geburtsdatum von Marie Dorothee Franziska Anheuser, geborene Richter. Laut Kirchenbuch von St. Vincenz in Schöningen kam sie am 8. September 1814 zur Welt und wurde am 22. September 1814 getauft. Ihre Eltern waren der Scherenschleifermeister Johann Heinrich Anton Richter und dessen Ehefrau Auguste Schorsine, geborene Immig.

Auch bei einer Durchsicht, die das „Stadtarchiv Bad Kreuznach" im Geburtsregister von 1844 vornahm, wurde kein Hinweis auf die Geburt von Elisa („Lilly") Anheuser in Kreuznach entdeckt.

Der verdienstvolle Kasteler Heimatforscher Fritz Diehl (1924– 2014) schilderte, wie Adolphus Busch den Teenager „Lilly" Anheuser kennen gelernt haben soll. Angeblich wurde Adolphus von „Lilly" im Gasthaus ihres Vaters ein Glas Bier serviert. Dabei soll „Lilly" mit rheinischem Akzent die Anmerkung „selbst gebraut vom Vater" gemacht haben. Diehl behauptete auch, der Vater von „Lilly" sei bei Busch mit 90.000 US-Dollar verschuldet gewesen. Die Liebe der jungen „Lilly" zu Adolphus sei die Rettung für „Eduard Anheuser" gewesen. Bei dieser Schilderung stimmte einiges nicht. Der Vater von „Lilly" hatte den Vornamen Eberhard und nicht Eduard. Er betrieb kein Gasthaus, sondern war damals Miteigentümer einer Seifen-, Kerzen- und Ölfabrik sowie einer Brauerei. 90.000 US-Dollar hatte nicht Anheuser von Busch geliehen, sondern Adam Hammer der Eigentümer der „Bavarian Brewery" in St. Louis, von Anheuser. Wie die 1844 in St. Louis geborene „Lilly" rheinischen Akzent gelernt haben soll, ist rätselhaft. Ihr Vater stammte aus Kreuznach an der Nahe, ihre Mutter aus Schöningen bei Helmstedt.

# Ein Seifensieder in Amerika

Was den Helmstedter Seifensiedermeister Eberhard Anheuser 1842 bewog, Deutschland zu verlassen und nach Amerika auszuwandern, weiß man heute nicht mehr. Er war damals 36 Jahre alt, verheiratet und hatte etliche Kinder. Ein amerikanischer Autor spekulierte auf einer Internetseite, Anheuser sei wegen schlechter Aussichten für Winzer in seiner Heimat ausgewandert. Doch dieser lebte damals gar nicht mehr in der Region an der Nahe, in der man Wein anbaute und betätigt sich nicht als Winzer, sondern – wie erwähnt – als Seifensiedermeister.

In St. Louis arbeitete Eberhard Anheuser in der Seifen- und Kerzenfabrik des 1841 aus Schlesien in die USA eingewanderten William D'Oench (1908 gestorben). Es ist unklar, ob Anheuser nur Mitarbeiter oder Partner in der Fabrik „D'Oench and Ringing" war. 1852 verließ Anheuser die Fabrik von D'Oench, machte aber weiterhin Geschäfte mit ihm. In den 1850er Jahren besaß Eberhard Aktien an der „Franklin Insurance Company/Franklin Savings Insurance", wo D'Oench als Präsident fungierte. Von 1852 bis März 1857 war Eberhard ein Partner der Kerzen-, Seifen- und Schmalzfabrik „Riggs & Co." des gebürtigen Amerikaners Lawrason Riggs. 1854 traf den 48-jährigen Eberhard Anheuser ein harter privater Schicksalsschlag. Damals starb seine Ehefrau Marie Dorothee Franziska im Alter von nur rund 40 Jahren in St. Louis. Ab dieser Zeit war Anheuser alleinerziehender Vater von sieben Kindern. Der älteste Sohn William war 17, die jüngste Tochter Elisa („Lilly") nur neun Jahre alt.

Früh setzte Eberhard Anheuser große Hoffnungen auf seinen ältesten Sohn William (Taufname: Wilhelm), mit dem er sich aber menschlich nicht besonders gut verstanden haben soll. Eberhard schickte William in die Privatschule „Wyman School" von Professor Edward Wyman (1815–1888), einem führenden lokalen Pädagogen, der aus Massachusetts stammte. Bei Wyman erhielt William sorgfältigen Unterricht in der englischen und deutschen Sprache. Offenbar sollte William seinem Vater im Seifengeschäft nachfolgen. Während seiner Schulzeit legte er besondere Aufmerksamkeit auf das Studium der Chemie.

Am 1. Mai 1857 gaben der aus dem Elsass stammende Nicholas Schaeffer (1814–1880), der deutsche Einwanderer Adolph Krauss und der gebürtige amerikanische Unternehmer James Reilly bekannt, Anheuser sei vollwertiger Partner in der Seifen-, Kerzen- und Ölfabrik „Schaeffer & Co." geworden. Das Unternehmen hieß fortan „Schaeffer, Anheuser & Co.". Schaeffer und Anhaeuser ließen eine neue Fabrik errichten, die im Februar 1858 fertig war. Am 28. Juni 1862 kündigte Anheuser die Auflösung seiner Partnerschaft mit Schaeffer, Reilly und Krauss an und begann ein neues Seifen-, Kerzen- und Ölgeschäft mit seinem Sohn William als vollwertigen Partner unter dem Namen „E. Anheuser & Son.".

1864 stieg der ehemalige Preuße Constantine Peipers (1820–1900), der im Immobilien- und Versicherungsverkauf aktiv war, als Partner bei „E. Anheuser & Co." ein. Nun hieß das Unternehmen „Anheuser, Peipers & Co." Laut „St. Louis City Directory" von 1867 wurde die Partnerschaft mit Peipers aufgelöst, als William Anheuser mit dem früheren Preußen Hermann Eisenhardt eine neue Seifen- und Kerzenfabrik gründete. Anschließend stieg Eberhard Anheuser aus dem Seifen- und Kerzengeschäft aus. Eisenhardt erwarb 1872 die Geschäftsanteile von William Anheuser an „Anheuser & Eisenhardt". William ging nach Kalifornien und kehrte erst

*William Anheuser*
*(1836–1901),*
*ältester Sohn*
*von Eberhard Anheuser.*
*Foto: St. Louis Dispatch*
*vom 20. Januar 1901,*
*Library of Congress,*
*Washington, D.C.*

*Adam Hammer (1818–1878).*
*Bild: Undatiertes Porträt*
*eines unbekannten Künstlers*
*in Dr. Streckfuß:*
*„Adam Hammer –*
*ein badischer*
*Achtundvierziger" (1998)*

1882 – zwei Jahre nach dem Tod seines Vaters – nach St. Louis zurück.

Eberhard Anheuser hat als Kerzenhersteller und Seifensieder in St. Louis ein kleines Vermögen von 90.000 US-Dollar gemacht, was nach heutigem Wert 2,68 Millionen US-Dollar entspricht. Sein Geld steckte er 1859 in die von dem bayerischen Einwanderer Georg Schneider gegründete „Bavarian Brewery" („Bayerische Brauerei"). Schneider hatte 1852 auf einem Hügel in St. Louis eine kleine Brauerei gebaut. In einem Erdloch standen verschieden große Braukessel über offenem Feuer. Darüber befand sich ein Holzschuppen. Obwohl sich diese Brauerei nahe zahlreicher deutscher Einwanderer befand, blieb die Nachfrage bescheiden. Schneider produzierte nach mehrjähriger Betriebszeit nur etwa 500 Fässer Bier pro Jahr. Ende 1856 ließ er an der achten Straße zwischen Arsenal Street und Pestalozzi Street in St. Louis aus roten Ziegelsteinen die „Bavarian Brewery" errichten. Weil die Nachfrage zu wünschen übrig ließ, verkaufte Schneider seine Brauerei am 11. Dezember 1857 an den badischen Einwanderer und Küfer Philipp Hammer, dem sich bald sein Bruder Carl anschloss. Die Beiden nannten ihre Firma „C. und P. Hammer & Co.". Im November 1858 nahmen Carl und Philipp ihren Bruder Adam Hammer (1818–1878) als Partner auf und überließen ihm im November 1858 die Brauerei ganz. Adam war Augenarzt und hatte sich an der „Badischen Revolution" von 1848 als Hauptmann in einem Freikorps beteiligt, für die Abschaffung der Monarchie und Einführung der Demokratie eingesetzt und noch 1848 flüchten müssen. Adam erkannte schnell, dass er nur mit einem Partner erfolgreich sein konnte und fand diesen in Dominic Urban, dem Präsidenten der Steuerbehörde in St. Louis. Die Beiden nahmen Kredite auf und modernisierten damit die

Brauerei „Hammer & Urban". Ende 1859 betrug der Bierausstoß bereits 3.200 Barrel (508.800 Liter). Die Vorbesitzer
hatten es nur auf wenige hundert Barrel gebracht. Doch die
Produktion überstieg merklich die Nachfrage, was 1860 zum
Konkurs führte. Zuvor hatte Eberhard Anheuser den damals
enormen Betrag von 90.000 US-Dollar als Kredit zur Verfügung
gestellt. 1861 übernahmen Anheuser und sein Partner, der
Drogist William D'Oench, die verschuldete Brauerei, reor-
ganisierten das Unternehmen und produzierten unter dem
Namen „E. Anheuser & Company".

# 14 Kinder mit „Lilly"

Das kommt wohl auch nicht oft vor: Ein Bräutigam, der 20 Minuten zu spät zu seiner Trauung erscheint, weil er auf dem Weg zur Kirche noch ein „bedeutendes Geschäft" abschließt. Genau dies ist dem 21 Jahre alten Adolphus Busch am 11. März 1861 passiert, als er die erst 16-jährige blonde „Lilly" Anheuser heiratete. Sein Bruder Ulrich (27) ehelichte am selben Tag und im selben Gotteshaus die dunkelhaarige Schwester Anna (22) von „Lilly".

Die kirchliche Doppelhochzeit fand in der „German Evangelical Protestant Church of the Holy Ghost" in St. Louis statt. Obwohl sie beide in Kastel römisch-katholisch getauft worden waren, ließen sich Adolphus und sein Bruder Ulrich in einer lutherischen Zeremonie trauen. Nach dem Verständnis der katholischen Kirche wechselten die Bräutigame damit zu den Unitariern. Es soll die größte und prachtvollste Hochzeit gewesen sein, die bis dahin in St. Louis stattgefunden hatte, meinten später die „Mississippi-Blätter". Die Feier nach der kirchlichen Trauung erfolgte in der St. Louiser Turnhalle. Einer der prominenten Gäste war George Graham Vest (1830–1904), der Missouri von 1879 bis 1903 im US-Senat vertrat.

Damals war Adolphus etwa 1,70 Meter groß, hatte eine schlanke Figur, trug volles kastanienbraunes Kopfhaar und hatte eine kräftige Stimme. Auf einem undatierten Foto als junger Mann ist Adolphus bartlos abgebildet. Eine 1869 entstandene Aufnahme dagegen zeigt den 30-Jährigen mit Schnurrbart und Kinnbart.

Bis zur Doppelhochzeit hatten Adolphus und Ulrich Busch zusammen mit anderen Junggesellen in einer Hausetage in St. Louis gewohnt. Nach der Trauung zogen Adolphus und „Lilly"

*Adolphus Busch in jungen Jahren ohne Schnurrbart und Kinnbart.*
*Foto: Undatierte Aufnahme eines unbekannten Fotografen*

*Elisa („Lilly") Busch um 1870, etliche Jahre nach ihrer Hochzeit.*
*Foto: Missouri Historical Society, St. Louis, Identifier: N30021,*
*http://collections.mohistory.org/resource/147967*

„*German Evangelical Protestant Church of the Holy Ghost*"
*in St. Louis. Foto: Lester Jones am 1. Januar 1940.*
*Historic American Buildings Survey / Historic American Engineering*
*Record / Historic American landscapes*

*George Graham Vest (1830–1904) war einer der Gäste
bei der Hochzeit von Adolphus und „Lilly" Busch.
Foto: Library of Congress, Washington, D.C.,
Brady-Handy Photograph Collection, Digital ID cwpbh. 03841*

in eine Mietwohnung an der Hickory Street. Ulrich und Anna Busch bekamen eine Wohnung in der Nähe.

Als der Bräutigam mit seiner Braut zum ersten Mal vor der neuen Wohnung ankam, die Eberhard Anheuser beschafft hatte, gab es ein Missgeschick. Mit Schrecken bemerkte Adolphus, dass er vor der verschlossenen Haustüre stand und keinen Schlüssel besaß. Weil das Paar nicht zurückgehen und sich dem Gespött ihrer Verwandten und Freunde aussetzen wollte, verbrachte es die erste Nacht im überdachten Hauseingang. Im März war das sicherlich kein angenehmes Unterfangen. Wir wissen nicht, wie sich die Beiden warmgehalten haben.

Das junge Eheglück von Adolphus und „Lilly" Busch wurde getrübt durch die politischen und wirtschaftlichen Auseinandersetzungen zwischen dem Norden und Süden der USA. Bereits einen Monat nach der glanzvollen Doppelhochzeit am 11. März brach am 13. April 1861 der „Amerikanische Bürgerkrieg" (1861–1865) aus.

Einem Artikel über Adolphus Busch im Online-Lexikon „Wikipedia" zufolge, der noch im Dezember 2018 zu lesen war, hatten Adolphus und „Lilly" 15 Kinder. Erstgeborener war angeblich ein bereits im Hochzeitsjahr 1861 zur Welt gekommener Sohn Gustav, für den kein Geburtsort und kein Sterbejahr erwähnt ist. Doch für die Existenz dieses Kindes lassen sich keine Beweise finden. Im dem Buch „Under the Influence" (1991) von Peter Hernon und Terry Ganey wird erwähnt, dass Adolphus und seine Ehefrau, bevor sie eigene Kinder hatten, Gustava von Kliehr (1860–1944), die verwaiste kleine Tochter der Schwester Hermine (1837–1863) von „Lilly" aufgenommen haben. Hermine war mit dem Arzt Dr. Gustav von Kliehr verheiratet, der 1859 bei einem Eisenbahnunglück ums Leben kam. Im Buch „Bitter Brew: The Rise and Fall of

Anheuser-Busch and Americas King of Beer" (2014) von William Knoedelseder ist von 13 Kindern des Ehepaares Adolphus und „Lilly" Busch die Rede. Wie so oft im Leben, liegt die Wahrheit wohl in der Mitte. Die Autoren dieses Taschenbuches gehen von 14 Kindern aus, die zwischen 1863 und 1884 zur Welt kamen:

Nellie (12. April 1863 in St. Louis geboren, 27. März 1934 gestorben),

Edward, genannt „Eddie" (1864–1879),

August I, genannt „Gussie senior" (29. Dezember 1865 in St. Louis geboren, 10. Februar 1934 in St. Louis Selbstmord begangen),

Adolphus II, genannt „Bulfy" (10. Juli 1868 in St. Louis geboren, 15. April 1898 in St. Louis gestorben),

Alexis (1869 in St. Louis geboren und innerhalb eines Tages gestorben),

Peter (1869 geboren),

Emilee (1870 tot in St. Louis geboren),

Edmée (27. September 1871 in St. Louis geboren, 18. Dezember 1955 in New York gestorben),

Peter (7. Januar 1872 in St. Louis geboren, 21. Mai 1905 in St. Louis gestorben), galt als „Schwarzes Schaf" der Familie,

Martha (18. Februar 1873 in St. Louis geboren und gestorben),

Anna Louise, genannt „Tolie" (7. Februar 1875 in St. Louis geboren, 16. April 1936 in St. Louis gestorben),

Clara (16. Mai 1876 in St. Louis geboren, 26. Juni 1959 in St. Louis gestorben),

Carl, genannt „Charlie" (1882 in St. Louis geboren, 8. April 1915 gestorben), behindert,

Wilhelmina, genannt „Minnie" (10. Januar 1884 in St. Louis geboren, 23. November 1952 in München gestorben).

Die liebenswerte „Lilly" Busch lebte ziemlich im Schatten ihres genialen Ehemannes Adolphus Busch, war völlig uninformiert über dessen geschäftliche Aktivitäten, kochte für ihn und führte das Leben einer braven Mutter und Hausfrau. Ein amerikanischer Autor schrieb über „Lilly", sie sei im Wesentlichen eine Hausfrau gewesen, die Suppe für ihren Prinzen zubereitete. In einem Internetforum über Mitglieder der Familie Busch ist zu lesen, ihre frühen Babys hätten kurz nach der Geburt statt Muttermilch einen kleinen Schluck Bier erhalten.

Recherchen über die Familien von Adolphus Busch, seines Vaters Ulrich Busch senior, dessen Kinder, seines Schwiegervaters Eberhard Anheuser und dessen Kinder werden durch zahlreiche falsche Angaben in der Literatur und im Internet sehr erschwert. Die Zahl sowie die Namen der Kinder, deren Geburts- und Sterbedatum weichen oft voneinander ab.

Aus der Ehe von Ulrich Busch junior, des Bruders von Adolphus, und Anna Anheuser (19. Mai 1828 geboren, 8. April 1916 gestorben) gingen sechs Kinder hervor:

Edward (1862 geboren, 12. November 1894 gestorben),
Alfred (1866 geboren),
Lillia (1870 geboren),
Otto S. (1871 geboren, 27. Juli 1939 gestorben),
Franz („Frank"), (1874 geboren),
Paula (1877–1962).

*Adolpus Busch mit seiner etwa 16 Jahre alten Tochter Wilhelmine („Minnie") um 1900.*
*Foto: Missouri History Society, St. Louis, Identifier: N11645, http://collections.mohistory.org/resource/141137*

*Gemälde „Bombardement of Fort Sumter" um 1861.*
*Bild: Library of Congress, Washington, D.C., Digital ID cph 3b49873*

*Holzschnitt „Terrible Tragedy" at St. Louis"*
*in den „New York Illustrated News" vom 25. Mai 1861*

# Militärzeit ohne Kämpfe

Nach dem Fall von „Fort Sumpter" vor Charleston in South Carolina am 13. April 1861, der als Beginn des „Amerikanischen Bürgerkrieges" (1861–1865) gilt, meldeten sich Eberhard Anheuser, dessen Sohn William und Schwiegersohn Adolphus Busch als Dreimonats-Freiwillige im Mai zur Unionsarmee der Nordstaaten. St. Louis hatte damals etwa 170.000 Einwohner, von denen rund 60.000 Deutsche waren, die sich größtenteils auf die Seite der Nordstaaten schlugen.

Etwa einen Monat nach Kriegsausbruch entstand in St. Louis eine große Streitmacht von Sezessionisten, die mit den Südstaaten sympathisierten. Diese befand sich in dem nach dem Gouverneur von Missouri, Clairborn Fox Jackson (1806–1862), bezeichneten „Camp Jackson". Jackson war seit 1861 Gouverneur und versuchte vergeblich, den Staat Missouri vom Norden abzutrennen und dem Süden zuzuführen. Als rund 1.200 Sezessionisten im „Camp Jackson" von starken Kräften der Union, darunter das Regiment von Eberhard Anheuser und Adolphus Busch, am 10. Mai 1861 umzingelt wurden, gaben sie kampflos auf.

Auf dem Marsch mit ihren Gefangenen zum mit Waffen und militärischem Gerät übervollen Bundesarsenal in St. Louis griff ein wütender Mob die Soldaten der Union an und es gab einen Schusswechsel. Jener Aufruhr ging als „St. Louis Massaker" in die Geschichte ein. Danach erregten sich Teile der Bevölkerung von St. Louis über die „verdammten Deutschen", die es gewagt hatten, als Fremdlinge die Truppen des Staates Missouri gefangen zu nehmen. Dies sei eine nationale Schmach und müsse durch den Tod und die Vernichtung aller Deutschen gerächt werden. Nachts jagte man Deutsche, misshandelte sie

*Entlassungsschein*
*von Eberhard Anheuser (unten)*
*vom 18. August 1861*

*Entlassungsschein*
*von Adolphus Busch (oben)*
*vom 18. August 1861*
*mit „Adolph" als Vorname*

und einige sollen sogar ermordet worden sein. Doch in den folgenden Tagen beruhigte sich die Lage wieder. Die Einnahme von „Camp Jackson" und die Verhinderung des geplanten Angriffes der Sezessionisten auf das Budnesarsenal rettete die Stadt St. Louis und einen großen Teil des Staates Missouri für die Union.

Adolphus Busch diente drei Monate lang – vom 8. Mai bis zum 18. August 1861 – als Korporal der „Company E" des 3. Regiments des US-Reservecorps unter Oberst John McNeil (1813–1891). Seine Einheit hatte die Aufgabe, das Stadtzentrum von St. Louis zu schützen. Der „Company E" gehörten viele Geschäftsleute an, unter anderem William Heinrichshofen, der erwähnte erste Arbeitgeber von Adolphus in St. Louis. Nach Ende der dreimonatigen Dienstzeit verspürte Adolphus keine Lust, sich für drei Jahre in die reguläre „Unionsarmee" zu verpflichten. Der junge Ehemann, der erst vor fünf Monaten geheiratet hatte, wollte sein Glück machen und nicht Krieg. Im August 1861 quittierte er angeblich wegen Streitigkeiten über den Sold seinen Militärdienst und wurde im Rang eines Corporals entlassen. Im Entlassungsschein vom 18. August 1861 wird „Adolph" als Vorname erwähnt.

Über die Militärzeit von Adolphus Busch liest und hört man sehr Widersprüchliches, was die Dauer und Art seines Einsatzes betrifft. Laut Online-Lexikon „Wikipedia" (Stand: Dezember 2018) war Adolphus in Kämpfe mit Pferdedieben und Indianern vom Stamm der Shoshonen verwickelt. Im Museumsführer „Leitfaden durch die Kasteler Geschichte" las man bereits im Mai 2000, der in der Unionsarmee der Nordstaaten dienende „Soldier Busch" hätte sich mit Indianern und Pferdedieben herumschlagen müssen. Als er einer Gruppe von Indianern trotz eines Überfalls das Leben gerettet habe,

*Oberst John McNeil (1813–1891),*
*Offizier der Unionsarmee*
*während des „Amerikanischen Bürgerkrieges" (1861–1865).*
*Foto: Undatierte Aufnahme*
*eines unbekannten Fotografen*

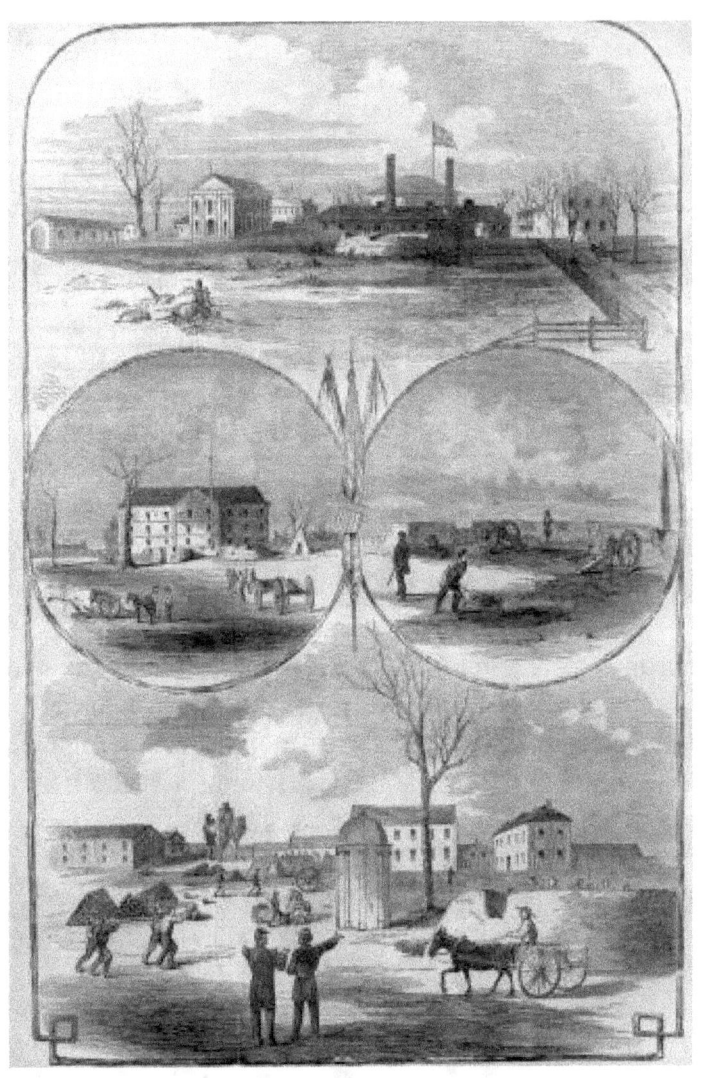

*Bundesarsenal („Union Arsenal") in St. Louis.*
*Bild: Harper's Weekly" vom 11. Mai 1861,*
*Library of Congress, Washington, D.C.*

hätte ihm ein Häuptling der Shoshonen-Indianer zum Dank eine Friedenspfeife geschenkt. In der nur im Internet erscheinenden „AKK-Zeitung" hieß es am 7. Mai 2018, Busch habe den Befehl erhalten, einen Indianerstamm der Shoshonen zu vernichten. Doch er habe mit dem Häuptling verhandelt und einen Friedensvertrag abgeschlossen. Zum Dank habe ihm der Häuptling eine Friedenspfeife mit Köcher und Tabakbeutel geschenkt. Diese Geschichten über Adolphus und Indianer sind allesamt erfunden. Wahr ist: Die im „Museum Castellum" in Mainz-Kastel ausgestellte Friedenspfeife mit Köcher stammt nicht von Adolphus, sondern aus dem Besitz seines Bruders Anton Baptist. Wie erwähnt, war Letzterer nach seiner Auswanderung in die USA nach Kastel zurückgekehrt. In der Magisterarbeit „Prinz Busch" von Johannes Westerkamp erfährt man, Adolphus Busch habe als Heimwehrsoldat der Nachbarschafts-Schutztruppe weiterhin bei seiner Familie leben dürfen. Nur mit ausdrücklicher Einwilligung seiner Familie hätte man ihn in andere Gebiete verlegen können.

Manfred Schwaben, der Ehemann einer Nachfahrin von Anton Baptist Busch in Mainz-Kastel, äußerte im Herbst 2018 in einem Telefongespräch mit dem Autor Ernst Probst eine interessante Vermutung über die Militärzeit von Adolphus Busch. Er glaubte, Adolphus habe 1861 gar nicht an Kampfhandlungen gegen Sezessionisten in St. Louis teilgenommen. Adolphus habe sich nur deswegen als Freiwilliger registrieren lassen, weil dies seiner späteren Einbürgerung in die USA förderlich gewesen sei.

Während viele Geschäftszweige in St. Louis durch den „Amerikanischen Bürgerkrieg" beeinträchtigt wurden, gingen die Geschäfte von Eberhard Anheuser in dieser schwierigen Zeit relativ gut. Das von ihm produzierte Lagerbier galt als nicht berauschend und konnte an die in St. Louis stationierten Unionstruppen verkauft werden. Das Bundesarsenal befand sich direkt neben der Brauerei. 1865 erhielt Anheuser einen Vertrag für den Verkauf von 100.000 Pound Seife an die Armee. Adolphus Busch handelte erfolgreich mit Baumwolle und anderen Produkten aus dem Süden, wovon mancher andere Kaufmann wegen der instabilen Lage die Finger gelassen hätte.

*Adolphus Busch in jungen Jahren mit Bart im Jahre 1869.*
*Foto: Hoelke and Benecke, Missouri History Society, St. Louis.*
*Identifier: N21091, http://collections.mohistory.org/resource/146369*

# Aufstieg zum „Bier-König"

1864 überredete Eberhard Anheuser seinen erst 25-jährigen Schwiegersohn Adolphus Busch dazu, in die Geschäftsleitung des Brauhauses „Anheuser & Co." einzutreten. Der Kerzenhersteller und Seifensieder Anheuser war Miteigentümer der Brauerei, verstand aber vom Bierbrauen herzlich wenig. Von 1860 bis 1864 ging der Verkauf von mehr als 3.000 Barrel auf rund 2.000 zurück. Im „St. Louis Directory" von 1864 wurde Adolphus Busch neben William D'Oench und Eberhard Anheuser als Eigentümer erwähnt. Über die Höhe des Anteils von Adolphus an der Brauerei ist nichts bekannt.

Vermutlich in den 1860er Jahren absolvierte August Anheuser (19. Dezember 1845 in Kreuznach geboren, 1. November 1905 in Kreuznach gestorben) eine kaufmännische Ausbildung bei seinem Onkel Eberhard Anheuser in St. Louis.. Die Jugend von August war geprägt durch den frühen Tod seiner Eltern. August wuchs bei seinen Großeltern mütterlicherseits namens Bechthold auf und übernahm später deren Weingut, das eines der größten an der Nahe war. Mit dem Weinhändler Adolf Fehrs gründete August Anheuser die Wein-Exportfirma „Anheuser und Fehrs". Als das Lebenswerk von August gelten der Aufbau und Ausbau des Wein-Exportes in die USA. Die qualitativ hervorragenden Weine an der Nahe wurden erst durch „Anheuser und Fehrs" weithin bekannt. Dies gilt als Keimzelle zum selbstständigen „Weinbaugebiet Nahe". Nach dem Tod von Fehrs im Jahre 1902 war August Anheuser Alleininhaber der Wein-Exportfirma. August hat am 25. November 1875 Klara Rothe geheiratet und hatte einen Sohn und zwei Töchter. Im Internet wird er – wie erwähnt – teilweise irrtümlich als sechstes Kind von Eberhard Anheuser bezeichnet.

*Zwischen 1864 und 1866 errichtete Brauerei
„E. Anheuser & Company" in St. Louis*

Adolphus Busch _____ a native of    Feb'y 19th    1867
Germany

who applies to be admitted a citizen of the United States, comes and proves to the satisfaction of the Court that he has resided in the United States at least five
years, and in the State of Missouri at least one year, immediately preceding this application, during which time he has conducted himself as a man of good moral
character, attached to the principles of the Constitution of the United States, and well disposed to the good order and happiness of the same; and the Court,
moreover, being satisfied that said applicant has taken the preparatory steps required by the laws of the United States, concerning the naturalization of Aliens,
and he declaring here, in open Court, upon oath, that he will support the **Constitution of the United States**, and that he doth absolutely renounce and abjure,
forever, all allegiance and fidelity to every Foreign Power, Prince, State and Sovereignty whatsoever, and particularly to    the
Grand Duke of    Hesse Darmstadt
of whom he was a subject    , therefore the said    Adolphus Busch
is admitted a **CITIZEN OF THE UNITED STATES.**

*Einbürgerungsurkunde von Adolphus Busch
vom 19. Februar 1867*

1865 zahlte Adolphus Busch seinen Partner Ernst Wattenberg aus und führte nun die Großhandelsfirma für Brauereibedarf unter dem Namen „Adolphus Busch & Co." alleine weiter. Ebenfalls 1865 fusionierten die „E. Anheuser & Company" und die „John B. Busch Brewing Company" in Washington (Missouri") des Bruders John (ursprünglich: Johann) von Adolphus.

Als Weinbaupionier an der Nahe wird in der Familiengeschichte ein weiterer Kreuznacher Neffe von Eberhard Anheuser bezeichnet. Rudolf Anheuser (1858–1925) erkannte den „reinen Charakter und die Unbestechlichkeit der Rieslingrebe" und „pflanzte Weinberge im reinen Satz". Wichtig erschien ihm, seine hervorragenden Weine jung und frisch auf Flaschen zu füllen und eine angemessene Lagerzeit zu garantieren.

Das erste Problem, das Adolphus Busch als Geschäftsführer der schwiegerväterlichen Brauerei zu bewältigen hatte, war die schlechte Qualität des Bieres von „Anheuser & Co.". Dieses Bier war so minderwertig, dass manche Rowdys in St. Louis eine Mundvoll davon über die Bar prusteten. Darüber war Adolphus natürlich nicht sonderlich erfreut. Er ließ sich alles Mögliche einfallen, um Betreiber von Tavernen und Trinker für das Bier zu begeistern. Es gab Freibier für Kunden und finanzielle Lockmittel für Tavernenbetreiber.

Der 19. Februar 1867 war ein wichtiger Tag im Leben von Adolphus Busch. An diesem Datum verzichtete er darauf, ein Bürger des Großherzogtums Hessen-Darmstadt zu sein, zu dem sein Geburtsort Kastel damals gehörte, und wurde amerikanischer Staatsbürger. Sein Business betrieb er fortan vor allem in Amerika, aber sein Herz gehörte seiner neuen und seiner alten Heimat. Bis 1869 führte er das Brauhaus „Anheuser & Co" und die Großhandelsfirma „Adolphus Busch

*Robert A. Barnes (1808–1892),*
*Präsident der „Old State Bank".*
*Foto: Samuel Sartain. In: Scharf: History of St. Louis City and County.*
*Missouri Historical Society, Identifier: N36708,*
*http://collections.mohistory.org/resource/142519*

& Co" parallel. Dann verkaufte er das florierende Großhandelshaus und übernahm von William D'Oench die Hälfte
der Anheuser-Brauerei.

Ein erster Schritt auf dem Weg zur Expansion des Unternehmens war, dass Adolphus Busch bei einer Gruppe
prominenter französischer Bankiers in St. Louis finanzielle
Unterstützung suchte. Doch das von ihm gewünschte Darlehen
in Höhe von 50.000 US-Dollar (entsprach 2010 etwa 690.000
US-Dollar) wurde abgelehnt. Die Bankiers stuften das wegen
des damals noch bescheidenen Erfolges der Brauerei opulent
erscheinende Büro von Adolphus als zu extravagant und
deswegen als finanzielles Risiko ein. Später verglich ein
gedruckter Stadtführer von St. Louis dieses geschmackvoll
eingerichtete Büro mit demjenigen einen Bankdirektors. Den
erhofften Kredit erhielt Adolphus vom Präsidenten der „Old
State Bank", Robert A. Barnes (1808–1892). Mit dem Kredit
finanzierte Busch 1870 den Bau eines neuen Brauhauses, eines
Malzhauses und zusätzlicher Lagerkeller. Die Investition in die
Zukunft erwies sich als sinnvoll.

Ab 1872 verwendete die Brauerei ständig das Firmenwappen
mit einem „A" und einem Adler („A & Eagle") auf allen
Produkten. Am 8. Mai 1877 ließ Adolphus Busch das
Firmenwappen als Trademark" schützen. Es stellte einen Adler
mit nach oben angewinkelten Flügeln dar, der im Großbuchstaben „A" gefangengehalten ist. Die auf nationalen und
internationalen Veranstaltungen erhaltenen Auszeichnungen
(meistens Medaillen) zeigte man in Zeitungsanzeigen und auf
Etiketten.

Nicht erfreut dürfte Adolphus Busch über die Gründung der
„Woman's Christian Temperance Union" am 15. Dezember
1873 in der Baptistenkirche von Fredonia im US-Bundesstaat

*Werbung für Bockbier der „E. Anheuser Co'.s Brewing Association"
in St. Louis (Missouri), 1877 geschaffen von A. Hoen and Co.
Bild: Missouri History Society, St. Louis, Identifier: N22127,
http://collections.mohistory.org/resource/146745*

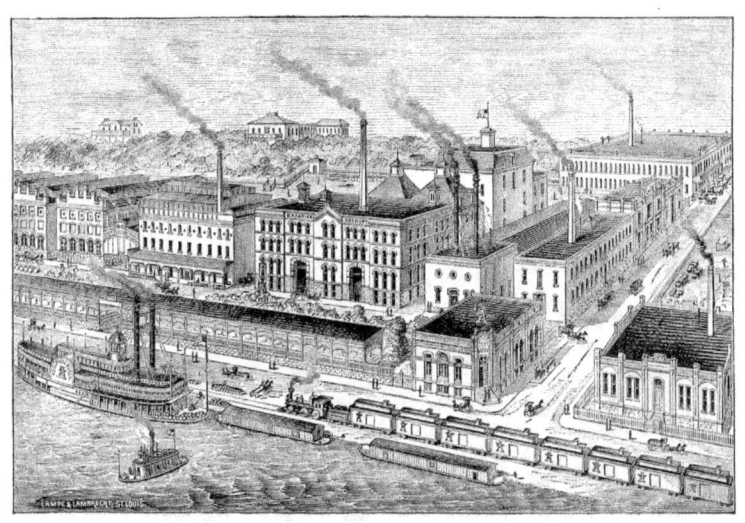

„Bavarian Brewery. The E. Anheuser Co.'s Association"
in „A Tour of St. Louis; or The inside life of a great city" (1878).
Bild: CircaSassy / Flickr / CC-BY2.0
https://creativecommons.org/licenses/by/2.0/legalcode

Diese Zeichnung entspricht nicht ganz der Realität,
weil der Illustrator das zwischen der Brauerei sowie dem Bahngleis
und dem Mississippi gelegene Bundesarsenal weggelassen hat.

*Französischer Chemiker Louis Pasteur (1822–1899),
Erfinder der Pasteurisierung.
Foto von Paul Nadar (1856–1939)*

New York gewesen sein. Die „WCTU" kämpfte für ein totales Alkoholverbot und ein Frauenwahlrecht in den USA. Militante „WCTU"-Mitglieder besetzten und blockierten Kneipen, protestierten gegen den Alkoholausschank und versuchten diesen zu verhindern. Gruppen in anderen Regionen der USA folgten ihrem Beispiel.

Beim Vertrieb seines Bieres setzte Adolphus Busch eine Idee in die Tat um, welche die gesamte Nahrungs- und Genussmittel-Industrie revolutionierte. Die nach seinen Vorstellungen konstruierten Eisenbahn-Kühlwaggons leisteten so gute Dienste, dass Adolphus entlang der Bahnstrecken rund 30 Eisfabriken erbauen ließ. Alle in St. Louis auf die Reise geschickten Bierladungen wurden unterwegs mit Eis aufgefüllt. Bald produzierten die Eisfabriken so viel Eis, dass sie dieses teilweise gewinnbringend in umliegenden Städten und Dörfern verkaufen konnten. Die am 3. Februar 1878 von Adolphus gegründete und kontrollierte „St. Louis Refrigerator Car Company" lieferte in kurzer Zeit mehr als tausend der neuartigen Eisenbahn-Kühlwaggons aus.

Bei einem Besuch irgendwann nach 1868 in Deutschland erfuhr Adolphus Busch durch seinen Bruder Anton Baptist aus Kastel von einem neuen Verfahren des französischen Chemikers Louis Pasteur (1822–1899), der durch kurzes Erhitzen Mikro-organismen abtötete und somit Flüssigkeiten haltbar machen konnte. Den entscheidenden Hinweis für seine Erfindung verdankte Pasteur der Beobachtung, dass deutsche Brauer ihre Utensilien in kochend-heißem Wasser reinigten. Nach 1875 wandte Adolphus die Pasteurisierung erstmals auf Biere an. Damit erreichte er eine Resistenz gegen Temperaturschwan-kungen, eine gleichbleibende Qualität und die nun mögliche Ausfuhr von Flaschenbier in tropische Länder. Nach der

*Werbung von „Anheuser Co. Brewing Ass'n".*
*Links oben wird E. Anheuser als „President"*
*und rechts oben A. Busch als „Secretary/Treasurer" erwähnt.*

Einführung des Pasteurisierens belieferte man auch Cuba, Mexiko und Haiti mit Bier.

Innerhalb eines Jahrzehnts machte Adolphus Busch aus der Brauerei die größte Bierproduktion Amerikas und wurde zum „Bier-König". Unter der Ägide von Anheuser hatte die „Bavarian Brewery" noch auf dem 29. Rang unter den 40 Brauereien in St. Louis gelegen. Allein von 1865 bis 1870 steigerte Busch die Bierproduktion um 300 Prozent. 1870 produzierte man etwa 18.000 Barrel (1 Barrel = 129,24 Liter) bzw. Fass Bier.

1875 wurde die Brauerei mit 240.000 US-Dollar Kapital eine Aktiengesellschaft („A. G."). Der 70 Jahre alte Eberhard Anheuser war Präsident und Adolphus Busch als „Secretary/ Treasurer" für Finanzen verantwortlich. Von insgesamt 480 Aktien besaß Adolphus Busch 238, sein Schwiegervater Eberhard Anheuser 140, H. A. Häussler als Treuhänder für „Lilly" Busch 100 und der dritte Direktor, Braumeister Erwin Spraul 2.

Eberhard Anheuser ließ seinem Schwiegersohn Adolphus Busch bei der Leitung der Brauerei weitgehend freie Hand. Aber der alte Unternehmer besaß immer noch einen gewissen Einfluss. Seine Führungsrolle basierte auf seiner langjährigen Erfahrung. Als ausgebildeter Chemiker verfügte er über hervorragende technische Fähigkeiten und gab solide, nüchterne Ratschläge. Adolphus dagegen war eher ein cleverer Verkäufer, Innovator und Risikoträger. Ungeachtet dessen unterstützte Anheuser die neuen Strategien von Busch wie beispielsweise die Erweiterung des Absatzmarktes in den Südwesten wie New Mexico und Texas. Außerdem erlaubte er Busch, Gelder des Unternehmens in wichtige neue Investitionen wie pasteurisiertes Flaschenbier oder besseres Kühlsystem zu investieren.

*Brauhaus und Kesselhaus der Brauerei „Anheuser-Busch"*
*in St. Louis zwischen 1875 und 1885.*
*Foto: Missouri Historical Society, St. Louis. Identifier: N38590,*
*http://collections.mohistory.org/resource/143909*

*Brauerei „Anheuser-Busch" an der Ninth Street*
*und Pestalozzi Street in St. Louis nach 1880.*
*Foto: Missouri Historical Society, St. Louis. Identifier: N11188,k*
*http://collections.mohistoriy.org/resource/141073*

*William J. Lemp (1836–1904),*
*Präsident der „Western Brewery" in St. Louis,*
*Freund und Konkurrent von Eberhard Anheuser.*
*Foto: Missouri Historical Society, St. Louis,*
*Identifier: CDM:LIB: 13882,*
*http://collections.mohistory.org/resource/249658*

Ob es ihm etwas ausmachte, dass seine eigenen Söhne William und Adolph weniger erfolgreich waren als sein Schwiegersohn Adolphus, kann man nur ahnen. Zwischen 1877 und 1882 ging es William Anheuser, dem Sohn von Eberhard Anheuser und Schwager von Adolphus Busch, in Oakland (Kalifornien) wirtschaftlich nicht mehr so gut wie früher. In St. Louis war William noch Partner einer Seifen- und Kerzenfabrik gewesen. Doch in den „Oakland City Directories" von 1877 bis 1881 wurde er nur noch als Vorarbeiter der „Standard Soap Company" erwähnt. Bei der Volkszählung von 1880 bezeichnete man ihn als „Arbeiter" und nicht als „Eigentümer".

Im Alter von 71 Jahren erkrankte Eberhard Anheuser 1877 schwer. Man stellte einen Tumor in seinem Hals fest. Deswegen unterzog sich Anheuser mehreren, letztlich erfolglosen Operationen. Als Eberhard 1877 in den Ruhestand ging, gehörte seine Brauerei noch nicht zu den 20 größten Brauereien der USA. „Anheuser-Busch" war damals hinter der „Western Brewery" von William J. Lemp (1836–1904), eines deutschen Einwanderers und Freundes von Eberhard, die zweitgrößte Brauerei in St. Louis.

Viele deutsche Einwanderer in St. Louis achteten Eberhard Anheuser als väterliche Figur und bezeichneten ihn liebevoll als „Papa Anheuser". Das von 1860 bis zum 7. Juli 1875 bestehende Unternehmen „E. Anheuser & Co." war der größte finanzielle Unterstützer des Sängerfestes von St. Louis, bei dem deutsche Gesangsgruppen einen Wettbewerb bestritten. Anheuser förderte auch den örtlichen „Germania Club" und die „Concordia Turners Hall".

Wenige Monate vor seinem Tod wandelte Eberhard Anheuser die Brauerei 1879 zur „Anheuser-Busch Brewing Association"

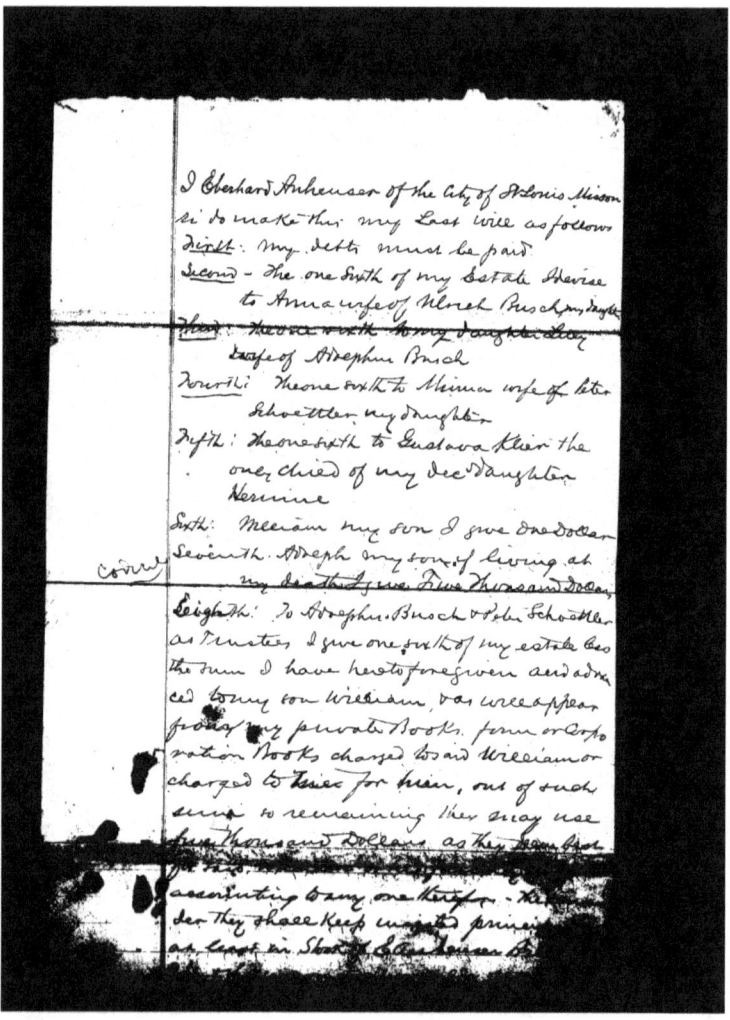

I Eberhard Anheuser of the City of St Louis Missou
ri do make this my Last Will as follows
First: My debts must be paid
Second - The one Sixth of my Estate I devise
to Anna wife of Ulrich Busch my daughter
~~Third: The one sixth to my daughter Ella~~
~~wife of Adolphus Busch~~
Fourth: The one sixth to Minna wife of Peter
Schoettler my daughter
Fifth: The one sixth to Gustava Klien the
one, child of my dec'd daughter
Hermine
Sixth: William my son I give One Dollar
Seventh: Adolph my son if living at
my death I give Five Thousand Dollars
Eighth: To Adolphus Busch & Peter Schoettler
as Trustees I give one sixth of my estate less
the sum I have heretofore given and advan-
ced to my son William, & as will appear
from my private Books, firm or Corpo
ration Books charged to said William or
charged to ~~them~~ for him, out of such
sum so remaining they may use
five thousand Dollars as they ~~see fit~~
for the ...
accounting to any one therefor. The ...
der they shall keep ...
at least in Short ...

*Testament von Eberhard Anheuser.*
*Missouri State Archives,*
*https://www.immigrantentrepreneurship.org/*
*document.php?rec=591&entry=196*

um. Nun trug das Unternehmen erstmals den Familiennamen Busch von Adolphus.

Am Sonntagabend, 2. Mai 1880, erlag Eberhard Anheuser in seiner Villa an der Pestalozzi Street in St. Louis im Alter von 73 Jahren seinem Tumor im Hals. Sein Grab befindet sich heute vor dem imposanten Mausoleum von Adolphus Busch und dessen Ehefrau „Lilly" auf dem Friedhof „Bellefontaine Cemetery" in St. Louis.

Zum Zeitpunkt des Todes von Eberhard Anheuser im Jahre 1880 produzierte die Brauerei „Anheuser-Busch" 141.103 Barrel Bier. 1865 waren es nur etwa 8.000 Barrel gewesen. 1880 wurden die Aktien der Brauerei mit je 500 US-Dollar bewertet, was 2011 etwa 11.300 US-Dollar entsprach.

Der Erstgeborene William Anheuser übernahm nach dem Tod seines Vaters die Leitung der nach wie vor bestehenden Kerzen- und Seifenfabrik. Er war mit Frances Lange (17. Oktober 1843 in Ohio geboren, 28. August 1910 gestorben) verheiratet und starb am 17. Januar 1901 in St. Louis.

Adolphus Busch stieg durch das Erbe seiner Ehefrau „Lilly" zum Mehrheitseigner der Brauerei und in der Nachfolge seines Schwiegervaters zum Präsidenten auf. Als „Secretary/Trea-surer" fungierte vom 10. Mai 1880 bis zum Juni 1891 Eugene H. Muehlemann. Adolphus erwarb Anteile von Anheusers Nachkommen und erhöhte im Laufe der Zeit seinen Anteil an der Firma von 238 auf 268 Aktien und denjenigen von „Lilly" von 100 auf 116 Aktien.

Sehr hart war das Leben der Arbeiter in der Brauerei „An-heuser-Busch". Die Arbeitszeit betrug an sechs Wochentagen jeweils 14 Stunden und am Sonntag sechs Stunden, was eine 90-Stunden-Woche ergab. Halbnackte Arbeiter, die Kessel mit Kohle befeuerten, mussten große Hitze ertragen. In einem

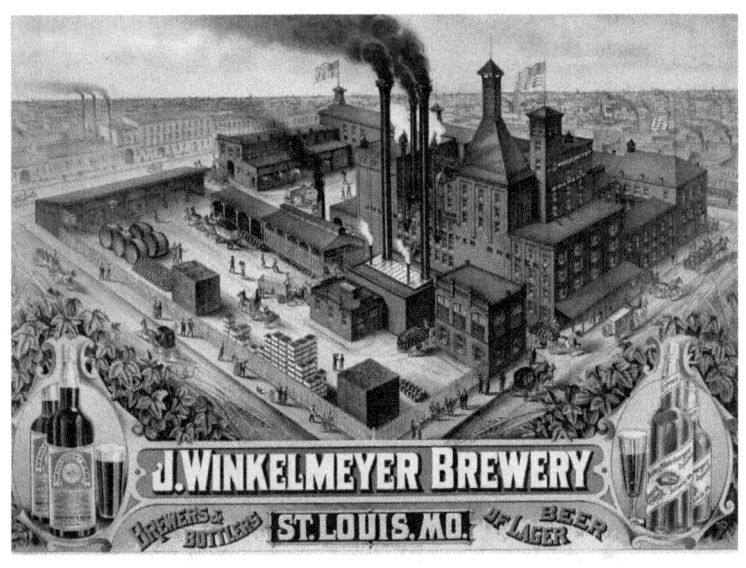

„Brauerei Winkelmeyer" in St. Louis um 1870.
Bild: Chromolithograph by Stephens Lithograph and Engraving Co.
Missouri Historical Society, St. Louis, Identifier: N 21701,
http://collections.mohistory.org/resource/1462284

heißen Sommer starben zehn Brauerei-Arbeiter an Hitzschlag. Rheumatismus plagte diejenigen, die in kalten Kellern schufteten. Der Wochenlohn betrug 14 US-Dollar. Viele Brauerei-Arbeiter waren eingewanderte Deutsche, unverheiratet, verbrachten die Nacht in firmeneigenen Schlafsälen und wurden zu Alkoholikern.

Die Arbeiterschaft der Brauerei gehörte – laut Johannes Westerkamp – zur Großfamilie von Adolphus Busch. Schützend habe der „Governor", wie man ihn nannte, die Hand über seine Beschäftigten gehalten. Bei seinen täglichen Rundgängen durch die Brauerei habe er für seine Mitarbeiter stets ein offenes Ohr gehabt. Damit habe er Vertrauen geschaffen und seinen Mitarbeitern ein Gefühl der eigenen Bedeutung gegeben. Busch habe Höchstlöhne gezahlt und besondere Leistungen mit Ehrenabzeichen belohnt.

Arbeitssuchende, die in seinem Büro vorsprachen und für die er keine Stelle hatte, wollte Adolphus Busch nicht entmutigen. Er gab ihnen ein Empfehlungsschreiben an den Bürgermeister Edward A. Noonan (1852–1927) von St. Louis mit. Mit ihm hatte Busch vereinbart, die in seiner Empfehlung enthaltenen Aussagen entsprächen der Wahrheit, wenn das Auge des Adlers auf dem Briefkopf der Brauerei durchstoßen sei. Wenn er sein Büro verließ, musste Adolphus gelegentlich von Polizisten eskortiert werden, weil ihn so viele Menschen auf ihre Notlage aufmerksam machen wollten.

Im Juni 1881 kam es in St. Louis zum ersten Streik der Brauerei-Arbeiter. Sie forderten bessere Löhne und kürzere Arbeitszeiten. Die Konkurrenz der Brauereien untereinander in der Stadt und die merklich gesteigerte Bierproduktion hatten die Brauerei-Arbeiter zunehmend gestresst. Wenige Monate später senkte die „Brauerei Winkelmeyer", eine der größten und

OFFICES OF ANHEUSER-BUSCH BREWING ASS<sup>ON</sup>

*Büro der „Anheuser-Busch Brewing Association" um 1880.*
*Bild: Missouri History Society, St. Louis, Identifier: N10475,*
*http://collections.mohistory.org/resource/141064*

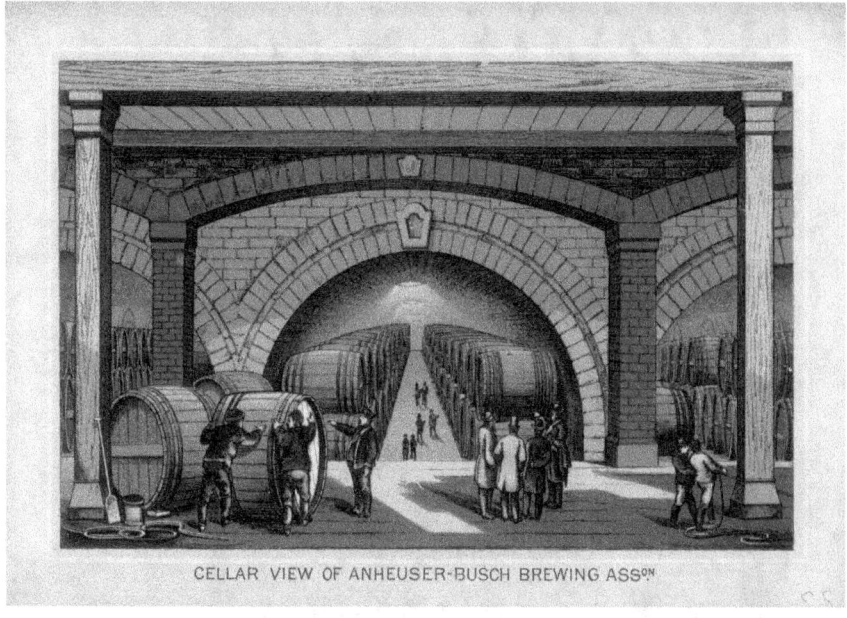

CELLAR VIEW OF ANHEUSER-BUSCH BREWING ASS^ON

*Keller der „Anheuser-Busch Brewing Association" um 1880.*
*Bild: Missouri History Society, St. Louis, Identifier: N10474,*
*http://collections.mohistory.org/resource/141063*

*Spirituosenhändler Carl Conrad (1843–1922),*
*Geschäftspartner und Freund von Adolphus Busch.*
*Foto: Undatierte Aufnahme eines unbekannten Fotografen*

wichtigsten Brauereien von St. Louis, den Preis für ein Barrel Bier von acht auf sieben US-Dollar. Dies verstieß gegen eine seit langem von den Brauereien vereinbarte Preisfestsetzung. Nun begann ein Domino-Effekt von Vergeltungsmaßnahmen, an der innerhalb eines Tages fast alle Brauereien von St. Louis beteiligt waren. Der Streik der Brauerei-Arbeiter scheiterte und die Preisvereinbarung trat bald wieder in Kraft. 1883 gehörten Mittel- und Südamerika, Spanien, die Türkei, Ägypten, Indien, China und Australien zum Absatzgebiet von „Anheuser-Busch".

Erst fünf Jahre nach dem Ableben von Eberhard Anheuser wurde 1885 „Anheuser-Busch" statt „Western Brewery" von William J. Lemp die größte Brauerei in St. Louis. 1878 hatten Anheuser und Lemp in begrenztem Umfang in verschiedenen Hafenstädten in Süd- und Ostasien, Australien, auf Hawaii, in Südamerika, auf den Karibischen Inseln und in Westeuropa konkurriert.

Bereits zu Lebzeiten von Eberhard Anheuser ließ Adolphus Busch von dem aus Darmstadt stammenden Spirituosenhändler Carl Conrad (1843–1922) ein helles, feinaromatisches, leichtes und durch höheren Hopfenzusatz herberes Bier mit wenig Alkoholgehalt namens „Budweiser" („Bud") entwickeln. Conrad hatte Büros in Mainz, Geisenheim im Rheingau und St. Louis. Bis 1870 kannte man in den USA nur ein schweres, sehr malzhaltiges, süßes Bier.

Einer Legende zufolge speiste Carl Conrad in den frühen 1870er Jahren in einem kleinen böhmischen Kloster in Budweis (Budvar), in dem man ihm das beste Bier servierte, das er je getrunken hatte. Conrad bot den Mönchen an, das Rezept von ihnen zu kaufen, aber sie überließen es ihm kostenlos. Zurückgekehrt in Amerika bat Conrad seinen Freund Adol-

phus Busch, dieses Bier für ihn herzustellen. Nach einer anderen Variante der Legende sollen Busch und Conrad in Böhmen von plötzlich hereinbrechender Dunkelheit überrascht worden sein. Als sie in einem nahegelegenen Kloster Schutz suchten, habe man sie mit einem Bier bewirtet, dessen Geschmack sie völlig begeistert hätte. Unverzüglich habe man einen Vertrag geschlossen, der Busch und Conrad das Rezept, die Spezialhefe und das Braurecht sicherte. Die kostbare Hefe habe man in einer „Kühlbox" über den Atlantik nach St. Louis gebracht. Tatsächlich hielt sich Busch oft in Böhmen auf: in Saaz zum Hopfen-Einkauf, in Pilsen und Budweis, um von Braumeistern zu lernen sowie in Karlsbad und Marienbad zwecks Erholung 1876 kam das Lagerbier „Budweiser" in den USA auf den Markt. Dieser Name war in Europa bereits in Gebrauch, bevor Busch ihn verwendete. „Budweiser" wurde von Busch's Brauerei gebraut und von Conrad in Flaschen abgefüllt. Später geriet Conrad in finanzielle Schwierigkeiten und borgte sich Geld von Busch. Im Januar 1883 erklärte Conrad seine Insolvenz und verkaufte Busch's Brauerei den Namen „Budweiser" sowie die Abfüll- und Vermarktungsrechte. Busch war der größte Gläubiger von Conrad gewesen, der Schulden von insgesamt 300.000 US-Dollar hatte, und besaß ein Pfandrecht von 94.000 US-Dollar auf dessen Grundstück. In der Folgezeit arbeitete Conrad bis zu seinem Lebensende in der Brauerei „Anheuser-Busch". Im Januar 1891 erwarb Busch die Handelsmarke und den Namen „Budweiser".
Sechs Jahre nach dem Tod von Eberhard Anheuser starb dessen zweiter Sohn Adolph 1886 im Alter von nur 46 Jahren an Leberzirrhose. Der Schwager von Adolphus Busch hatte am 2. Oktober 1876 in St. Louis die damals 19-jährige Louisa Firmbach (1857–1914) geheiratet. Auf der Internetseite „Find

A Grave" werden fünf Kinder erwähnt: Nellie (1877–1975), Eberhard (1880–1967), Lilly (1882 geboren), Dorothy (1884–1977) und Edmée (1885–1968). Die Witwe Louisa überlebte ihren ersten Ehemann lange und heiratete noch einmal. Ihr zweiter Ehemann war Joseph Peter Blank (1860–1929).

Die 1886 gegründete „Adolphus Busch Glass Manufacturing Company" mit Produktionsstätten in Belleville (Illinois) und St. Louis (Missouri) stellte für die Brauereien „Anheuser-Busch" und Lemp Bierflaschen her. 1887 entstand die von Adolphus gegründete Eisenbahngesellschaft „Manufacturers Railway Company" mit einem Stammkapital von 25.000 US-Dollar in St. Louis. Von den insgesamt 250 Aktien besaß Adolphus 240. Diese Gesellschaft betrieb auf einem eigenen, zwei Meilen langen Schienenstrang Rangierdienste zwischen verschiedenen Industriebetrieben im Südteil von St. Louis, verfügte über eine Flotte isolierter Getränke- und Getreidewaggons und reparierte und wartete Lokomotiven. Das Schienennetz in und um St. Louis geht vor allem auf Adolphus zurück. Im Westen von Illinois kaufte Adolphus einige Kohlebergwerke, die auf der eigens dafür trassierten Bahnlinie seine Brauerei mit Brennstoff versorgten.

1888 boykottierte die Gewerkschaft „Brewers and Maltsters Union Local 6" in St. Louis vier Monate lang vier nationale Brauereien, darunter auch „Anheuser-Busch". Dieser Boykott endete mit einem Erfolg für die Gewerkschaft, die einen Zwölf-Stunden-Arbeitstag, eine Sechs-Tage-Woche, Freibier bei der Arbeit und weiterhin einen Wochenlohn von 14 US-Dollar gefordert hatte.

Um 1889 lieferten sich Adolphus Busch und der deutsch-amerikanische Brauerei-Besitzer Frederik Pabst (1836–1904) in Milwaukee einen erbitterten Konkurrenzkampf. Frederik

*Frederik Pabst (1836–1904),*
*deutsch-amerikanischer Brauereibesitzer in Milwaukee*
*und Konkurrent von Adolphus Busch.*
*Foto: S. L. Stein*

wurde am 28. März 1836 in Nikolausrieth in Thüringen als Johann Gottlieb Friedrich Pabst geboren und wanderte 1848 als Zwölfjähriger mit seinen Eltern in die USA ein. Anfangs arbeitete er als Page und später als Schiffsjunge auf den „Großen Seen" („Great Leakes"), ab 1857 als Kapitän. 1859 lernte er Philipp Best (1814–1869), den Besitzer der Brauerei „Philipp Best Brewing Company", kennen und heiratete 1862 dessen Tochter Maria. Nachdem er 1863 bei einem Schiffsunglück nur knapp überlebte, wechselte Frederik den Beruf und trat in die Brauerei seines Schwiegervaters ein. 1864 übernahm Pabst die Hälfte der Anteile und 1866 der Ehemann von Bests zweiter Tochter Lisette, Emil Schendeln (1888 gestorben), die andere Hälfte. Ab 1873 fungierte Pabst als Präsident der Brauerei. 1874 war das Unternehmen die größte Brauerei der USA. 1889 teilte ihm Busch mit, er könne seine Brauerei in St. Louis wieder „The Largest Lager Beer Brewery in the World" nennen. Zwei Jahrzehnte später wurde Pabst von Busch endgültig überholt. 1985 verkaufte man die Brauerei in Milwaukee, die danach mehrfach die Besitzer wechselte und 1996 geschlossen wurde.

Mit dem 1889 erworbenen Unternehmen „Gilson Asphaltum Co." im US-Bundesstaat Utah wurde Adolphus Busch erstmals Produzent von Gilsonit, einer schwarzen harzigen Varietät von Asphalt. Weil sich eine Gilsonit-Ader durch das „Uncompahgre Ute-Indianerreservat" zog, kam Adolphus auch mit amerikanischen Ureinwohnern in Kontakt. In deren Reservat durfte kein Weißer Gilsonit abbauen. Dies änderte sich aber durch die Rechtstitel-Übertragung an die US-Regierung. In der Folgezeit trat Busch für die Rechte der Indianer ein und versuchte dadurch potentielle Konkurrenten zu vertreiben.

*„South Side Bank" an Broadway und Pestalozzi Street
in St. Louis um 1910.
Foto: Undatierte Aufnahme eines unbekannten Fotografen*

1891 gründete Adolphus Busch die „South Side Bank" in St. Louis und agierte als deren Präsident. Diese Bank wickelte vor allem für die Brauerei „Anheuser-Busch" und daneben für andere Firmen aus dem südlichen St. Louis die Geldgeschäfte ab. Im „South Side Hotel" in St. Louis brachte man leitende Angestellte und Geschäftspartner der Brauerei unter. Auf eigene Kosten ließ Adolphus eine Zweigstelle der Post bauen. Eines der schönsten Gebäude der Brau-Industrie entstand 1892, als „Anheuser-Busch" in St. Louis ein neues Brauhaus errichtete. Der Bau wurde erforderlich, weil das alte Brauhaus von 1878 vollkommen überlastet war. Es handelte sich um einen sechs Stockwerke hohen, viktorianischen Ziegelsteinbau mit prächtigem Uhrenturm.

Die Brauerei „Anheuser-Busch" brachte 1895 sogar ihr erstes pharmazeutisches Produkt auf den Markt. Dabei handelte es sich um eine sirupartige Flüssigkeit namens „Malt Nutrine" aus Gerstenmalz und Hopfen mit einem Alkoholgehalt von 1,9 Prozent. Jenes Produkt eignete sich für junge Mütter, kränkelnde Kinder und ältere Menschen.

Unter dem Namen „Michelob" führte die Brauerei „Anheuser-Busch" ein 1896 entwickeltes „Fassbier für Kenner" ein. Lange Zeit war dieses Bier in den USA ein beliebtes Alkoholgetränk. Doch mehr als ein Jahrhundert später ging zwischen 2006 und 2011 der Umsatz von „Michelob" von 500.000 auf 140.000 Barrel zurück, was 72 Prozent weniger entspricht. „Michelob" lag 2011 an der Spitze der Biere, welche die Amerikaner nicht mehr trinken wollten.

Bis zur Jahrhundertwende verzichtete Adolphus Busch weitgehend auf kostspielige kurzfristige Werbung in Zeitungen und Zeitschriften, wie es bereits sein Schwiegervater Eberhard Anheuser praktiziert hatte. Stattdessen machte die Brauerei

Das Kunstwerk „Custer's Last Fight"
des amerikanischen Malers Cassilly Adams (1843–1921)
gilt als bekanntestes Kneipenbild der USA.
Bild: Reproduktion des Reklame-Posters von „Anheuser-Busch"

„Anheuser-Busch"mit Postern in Trinkhäusern vor Ort langlebige Werbung.
Von einem Geschäftspartner, der damit Außenstände von 35.000 US-Dollar beglich (entsprach 875.000 US-Dollar 2010), erhielt Adolphus Busch das 1885 von Cassilly Adams (1843–1921) geschaffene Original-Gemälde „Caster's Last Fight". Dieses Werk hing an der Wand eines Saloons in St. Louis. Es zeigt Oberstleutnant George Armstrong Custer (1839–1876) bei seinem letzten Kampf gegen Indianer in der verlorenen „Schlacht von Little Bighorn" am 26. Juni 1876. F. Otto Becker reproduzierte 1889 dieses Gemälde als Lithographie. Adolphus ließ das Bild 1894 in einer Auflage von mehr als einer Million Exemplaren drucken. Dann schenkte er das Original-Gemälde der Einheit von Custer, dem 7. Kavallerie-Regiment in „Fort Riley" (Kansas). Leider wurde auf die „Anheuser Busch Brewing Association" in St. Louis schmückten Tavernen im ganzen Land. Das Kunstwerk „Custer's Last Fight" gilt als bekanntestes Kneipenbild der USA.
Auch die Auslieferung von Anheuser-Busch-Bier in bunt lackierten Wagen, die von Pferden gezogen wurden, nutzte man zur Werbung. Dabei verteilte man Geschenke. Der Kundenstamm wurde auch aufgebaut, indem Bieragenten den Gästen kostenlos Getränke servierten und Trinkhäusern Kredite gewährten, um Absatzmöglichkeiten zu sichern.
Finanzstarke englische Geschäftsleute versuchten in den 1880er Jahren, in den USA einen Brau-Trust zu gründen, der letztlich den ganzen Industriezweig kontrollieren sollte. Auch Adolphus Busch wurde von 1888 bis 1899 mehrfach ein Kaufangebot unterbreitet. Zunächst bot man ihm acht Millionen US-Dollar und 1891 zehn Millionen US-Dollar für seine Brauerei an. Angeblich lehnte Adolphus den Verkauf mit der Begründung

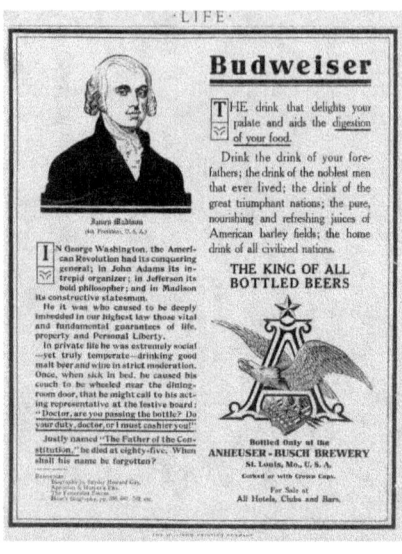

Bild oben:
Reklame für „Budweiser"
von „Anheuser-Busch"
im Jahre 1900

Bild unten:
Reklame für „Budweiser"
von „Anheuser-Busch"
im Jahre 1906

ab, er wisse nicht, was er mit so viel Geld machen sollte. Freunde würden sich dann von ihm hohe Summen leihen, bis er bankrott wäre. Nirgendwo würde er eine fünfprozentige Verzinsung erhalten.

Anfang des 20. Jahrhunderts schenkten Aktionäre der Brauerei dem Unternehmer Adolphus Busch einen Eisenbahn-Salonwagen für 50.000 US-Dollar. Jenem Privatwagen auf Schienen gab er den Namen „Adolphus" und ließ ihn in Großbuchstaben außen anbringen.

1901 braute „Anheuser-Busch" erstmals in einem Jahr eine Million Barrel bzw. Fass Bier, also rund 129 Millionen Liter Bier! Um die Jahrhundertwende hatte man mehr als 15 verschiedene Geschmacksrichtungen im Angebot. Neu hinzu waren gekommen: „Pilsner Exquisite Export Beer", „American Hope Ale", „White Label Exquisite", Columbian Münchener Lager Beer", „Dark Special German Brew", „Premium Pale", „St. Louis Exquisite" und „Black and Tan".

Ab 1907 hätte eine Vereinbarung zwischen „Anheuser-Busch" und der tschechischen Brauerei „Budweiser Budvar" („Budejovicky Budvar") gelten sollen, wonach „Anheuser-Busch" den Markennamen „Budweiser" nur in Nordamerika nutzen durfte. Dagegen hätte dieser Markenname in Europa ausschließlich der Brauerei „Budweiser Budvar" zugestanden. Trotzdem begann eine der langwierigsten Markenstreitigkeiten der Geschichte. Bis 2014 gab es weltweit 120 Verfahren, aber keinen klaren Sieger.

„Anheuser Busch" verkaufte im ganzen Jahr 1907 bereits 1.600.000 Barrel Bier. Allein in St. Louis beschäftigte das Unternehmen 6.000 Mitarbeiter. Das dortige Brauhaus produzierte pro Tag 9.000 Fässer Bier. Täglich füllt man eine Million Flaschen mit Bier ab. Zwei eigene Glasfabriken stellten

„*Adolphus-Hotel*" *in Dallas (Texas).*
*Foto: Dfwcre8rtive / CC-BY3.0 (via Wikimedia Commons),*
*lizensiert unter CreativeCommmons-Lizenz by-3.0.de,*
*https://(creativecommons.org/licenses/by/3.0/legalcode*

Flaschen her. Außerdem besaß „Anheuser-Busch" noch
Fass-, Wagen- und Maschinenfabriken, Reparaturwerkstätten
sowie eine Eisenbahn, welche die Brauerei mit Frachtbahn-
höfen verband. Die Vorratsspeicher für Malz und Gerste
fassten 1.750.000 Bushel (ein Bushel = 36,37 Liter). In den
Lagerräumen hatten 600.000 Fässer Platz. Eine Eisfabrik lieferte Unmengen an Eis. 1908 produzierte man auch ein alkoholfreies Malzbier namens „Bevo", das gut ankam.

Nicht nur als Bierbrauer hatte Adolphus Busch großen Erfolg.
Er war auch Präsident der „St. Louis Refrigerator Car Company" (1878), der „Glass Manufacturing Company" (1886),
der Eisenbahngesellschaft „Manufacturers Railway Company"
(1887), der „South Side Bank" (1891), der „Diesel Motor
Company" (1898) und der „American Diesel Engine
Company" (1902). Als Partner der „W. Garrel's Iron & Stave
Co." war er als Mitbesitzer von 40.000 Acre (Morgen) Forstland
in Arkansas und Tennessee. 1912 ließ er in Chicago und Dallas
die vornehmen „Adolphus-Hotels" errichten. Das 95 Meter
hohe, 19-stöckige „Adolphus" in Dallas galt zeitweise als das
höchste Gebäude in Texas. Einmal entließ Adolphus persönlich
drei Angestellte des Hotelrestaurants in Dallas, weil sie auf
der Rechnung das Datum mit dazu gezählt hatten. In Dallas
besaß Busch auch das Hotel „Oriental" und das 17-stöckige
Kirby-Bürogebäude. Beteiligt war er am Hotel „Grand Pacific"
in San Franzisco und am „Grand Hotel" in Paris. Bereits 1904
hatte er für 250.000 US-Dollar ein Hotel in Marienbad
(Böhmen) erworben, in dem bei Kuren selbst abstieg.

Der deutsche Hopfenlieferant Bernhard Bing aus Nürnberg
machte Adolphus Busch auf den Dieselmotor aufmerksam,
der 1893 vorgestellt wurde. Adolphus erkannte dessen Bedeutung und kaufte am 9. Oktober 1897 von dem deutschen

Dr. Rudolf Diesel (1858–1913),
deutscher Ingenieur und Erfinder des Dieselmotors,
um 1883.
Foto: Aufnahme eines unbekannten Fotografen
(via Wikimedia Commons),
Lizenz: gemeinfrei (Public domain)

Ingenieur und Erfinder des Dieselmotors, Dr. Rudolf Diesel (1858–1913), für umgerechnet eine Million Mark die Herstellungsrechte für die USA. Schon ein Jahr später ließ Adolphus als Präsident der von ihm Anfang 1898 gegründeten „Diesel Motor Company of America" (1898–1902) mit Sitz in New York den ersten in den USA konstruierten Dieselmotor bauen. Er wurde am 4. Januar 1899 in der Brauerei „Anheuser-Busch" in St. Louis als erster gewerblich genutzter Dieselmotor weltweit in Betrieb genommen. Um die Jahrhundertwende beklagte sich Busch in einem Brief an seinen Ingenieur Meier bitter über seinen scheinbar untätigen Geschäftspartner Diesel. Häufig verspüre er Lust, Diesel einmal eine gute Tracht Prügel zu verpassen, weil dieser seiner Pflicht nicht nachgekommen sei. Zwei Jahre hätte dieser nichts getan, sondern nur sein Geld eingesackt, gut gelebt und vorgegeben, überlastet zu sein. Von Anfang 1902 bis 1911 existierte die „American Diesel Engine Company" mit Sitz in New York. 1911 gründete Adolphus in St. Louis die „Busch-Sulzer Brothers Diesel Engine Company" mit Busch als Präsident und Diesel als Aufsichtsrat.

Bei der Weltausstellung in St. Louis von 1904 erwarb Adolphus Busch einen Schreibtisch, in den Rufknöpfe eingelassen worden waren. Damit konnte er einen Telegraphen, einen Sekretär oder einen leitenden Angestellten herbeizitieren. Jedes seiner im Büro gesprochenen Worte wurde mitstenographiert. Zwei Stenographen nahmen jeden seiner teilweise sehr umfangreichen Briefe auf. Freunde und Geschäftspartner erhielten bis zu zehn Seiten umfassende Briefe.

Im Februar 1911 ärgerte sich Adolphus Busch sehr über den mit ihm befreundeten 27. US-Präsidenten William Howard Taft. Der Grund: In 3.000 Sonntagsschulen der USA wurde ein Brief des Präsidenten verlesen, in dem dieser für ein totales Alkoholverbot eintrat. Eigentlich war Taft nicht als Anti-

*Team von „Anheuser-Busch" 1908*
*bei der „Work Horse Parade" in New York.*
*Foto: Library of Congress,*
*Prints and Photographs Division Washington, D.C.,*
*George Grantham Bain Collection*

Alkoholiker, sondern als Whiskey-Trinker bekannt. Ob er die Kiste Wein mit „Schwarzhofberger" von der Mosel und eine weitere mit „Eltviller Sonnenberg" vom Rheingau gerne trank, die ihm Adolphus 1905 schickte, weiß man nicht.

Johannes Westerkamp hat in seiner Magisterarbeit „Prinz Busch" die Bier-Verkäufe der Brauerei „Anheuser-Busch" von 1877 bis 1913 akribisch aufgelistet. Meistens ging es aufwärts (von 45.000–57.000 Barrel 1877 bis 1.600.000 Barrel 1907). Aber es gab auch Rückschläge. Nach dem Rekord von 1.600.000 Barrel im Jahre 1907 folgten 1.378.000 Barrel 1908, 1.479.000 Barrel 1910, 1.528.000 Barrel 1911, 1.518.000 Barrel 1912 und 1.530.000 Barrel 1913. Im Todesjahr 1913 von Adolphus füllte man bei „Anheuser-Busch" an einem einzigen Tag sage und schreibe 1,25 Millionen Flaschen ab.

Interessanterweise hat Westerkamp auch zahlreiche Geschäftsbeteiligungen von Adolphus Busch (Stand: Ende 1913) aufgezählt:

Brauereien:
American Brewing Co., Houston
Galveston Brewing Co., Galveston
Lone Star Brewing Co., San Antonio (knapp 5 Millionen US-Dollar), Präsident
Texas Brewing Co., Forth Worth (über 100.000 US-Dollar)
St. Louis Brewing Association
Brauereirelevant:
American Bottle Works, Newark (über 2,5 Millionen US-Dollar)
American Car & Foundry (über 300.000 US-Dollar)
Busch-Sulzer Brothers Diesel Engine Co. (knapp 1,5 Millionen US-Dollar), Präsident
Galveston Ice & Cold Storage (175.000 US-Dollar)

Geyser Ice Co., Waco, Texas

Manufacturers' Railway Co. (1,25 Millionen US-Dollar), Präsident

Merchants' Cold Storage and Ice Manufacturing Co. (120.000 US-Dollar)

St. Louis & O'Fallon Coal Co. (150.000 US-Dollar)

St. Louis & O'Fallon Railway Co. (150.000 US-Dollar), Präsident

St. Louis Refrigerator Car Co. (über 150.000 US-Dollar)

St. Louis & San Francisco Railway Co. (500.000 US-Dollar)

Banken/Kreditanstalten:

Equitable Surety Co.

German-American Bank

Mississippi Valley Trust

Missouri Safe Deposit Co.

South Side Bank (75.000 US-Dollar), Präsident

St. Louis Union Trust (100.000 US-Dollar)

Third National Bank

Diverses:

Dallas Hotel Co. (750.000 US-Dollar)

Grand Pacific Hotel, Chicago, Präsident

Kinloch Telephone Co. (über 230.000 US-Dollar)

Laclede Gas Light Co. (über 300.000 US-Dollar)

North American Co. (250.000 US-Dollar)

Union Electric Light & Power

U. S. Independent Telephone Co.

William Garrel's Iron & Stave Co.

Bei einem so tüchtigen Menschen wie Adolphus Busch stellt sich immer die Frage, worauf sein großer Erfolg zurückzuführen ist. Er dürfte wohl harter Arbeit, Ausdauer, Kraft und Intellekt zuzuschreiben sein, was man gern Deutschen zuspricht. Der deutsche Autor Erhard Mischke bezeichnete Enthusiasmus, Energie, Geselligkeit in Verbindung mit einer guten Portion Schlauheit und gepaart mit der Freude an der Arbeit und am Geldverdienen als wichtigste Charaktereigenschaften von Busch.

*Gewölbe über der Quelle des Ochsenbrunnens*
*in der Gemarkung Kastel.*
*Foto: Archiv der „Gesellschaft für Heimatgeschichte*
*Kastel e. V. 1980"*

# Adolphus und Kastel

Adolphus Busch vergaß seinen Geburtsort Kastel nie, obwohl er diesen bereits als 18-Jähriger verlassen hat. Mehr als 20mal besuchte er nach seiner Auswanderung von 1857 seinen Geburtsort bei Mainz am Rhein. Manchmal ging er in der Kasteler Flur zusammen mit anderen auf die Jagd, wobei der „Schützenhof" in der Schützenstraße als Ausgangsort diente. Nach einem verheerenden Hochwasser des Rheins im November 1882, unter dem die Kasteler sehr zu leiden hatten, spendete er viel Geld für die Flutopfer. Damals war das Bahnhofsviertel überflutet. Pioniere und Flößer schlugen Stege bis zur Schiffsbrücke über den Rhein nach Mainz.

Der Mainzer Student Johannes Westerkamp vermutete in seiner Magisterarbeit „Prinz Busch" (1991), Adolphus habe 1892 das 38.000 Mark teure Grabdenkmal für seinen 1852 verstorbenen Vater Ulrich senior und dessen Familie mitfinanziert. Jenes aufwändige Grabdenkmal auf dem Kasteler Friedhof an der Boelckestraße wurde im Atelier des aus Kreuznach stammenden, in Rom und Berlin wirkenden Bildhauers Emil Cauer der Jüngere (1867–1946) aus reinem Carrara-Marmor aus der italienischen Region Toskana angefertigt.

1902 ließen Adolphus und sein Bruder Ulrich Busch junior die Quelle des Ochsenbrunnens in der Gemarkung Kastel fassen und darüber ein grottenartiges Gewölbe errichten, das etwa sechs Meter breit, vier Meter hoch und sechs Meter tief ist. Seitliche Treppenaufgänge führten zu einer kleinen Empore. Eine an der Rückseite des Gewölbes angebrachte Gedenktafel erinnert an die noblen Stifter. Die Inschrift lautet: „Ochsenbrunnen 1902 von den Brüdern Busch gestiftet. Veni – Vidi – Vici". Im urigen Gewölbe über der Ochsenbrunnen-

*Ochsenbrunnen am Fuß des Ochsenbrunnen-Berges*
*im Gewann Ochsenbrunnen in der Gemarkung Kastel heute.*
*Foto: Ernst Probst, Mainz-Kostheim*

Quelle und davor haben Kasteler Einwohner gern und oft gefeiert.

Der Ochsenbrunnen befindet sich am Fuß des Ochsenbrunnen-Berges im Gewann Ochsenbrunnen in der Gemarkung Kastel. Er liegt außerhalb des Ortes etwa 200 Meter von der rechten Seite der Boelckestraße entfernt inmitten einer Baumgruppe. Wie er entstand und zu seinem Namen kam, schildert eine alte Sage: An einem heißen Sommertag pflügte ein Kasteler Landwirt mit seinem Ochsengespann an einem Abhang. Plötzlich ließ sich der Pflug nicht mehr weiter bewegen, Wasser quoll aus der Furche hervor, Gespann und Pflug versanken im Morast. Nur mit Mühe konnte der Landwirt seine Ochsen in Sicherheit bringen. Die Quelle sprudelte unaufhörlich und ihr Wasser floss durch die Gemarkung Kastel zum Rhein. Der Verlauf des Ochsenbrunnen-Baches hat sich innerhalb von Jahrhunderten mehrfach verändert. Nach Fertigstellung der Kasteler Festungsanlagen in napoleonischer Zeit leitete man das Wasser in die Festungswälle und nach Schleifung der Festung teilweise in den Entenweiher. Heute ist der Bach ab der Gewann Dunkelwiese an der Boelckestraße kanalisiert.

Am 26. März 1904 starb Anton Baptist Busch, ein älterer Bruder von Adolphus Busch, im Alter von 67 Jahren in Kastel. Danach kümmerte sich Adolphus um den Familienbesitz in Kastel, zu dem der „Schützenhof" in der Schützenstraße und Ländereien gehörten. Die heute nicht mehr existierende Schützenstraße lag früher zwischen der Ankertorstraße und der Großen Kirchenstraße in Kastel. Vor 1800 hieß sie noch „Am Gemeindebackhaus". Das „Backes" befand sich an der Ecke zur Rathausstraße.

Der im 19. Jahrhundert geprägte Name Schützenstraße erinnerte an den ehemaligen Schützenhof an der Ecke Zehnthofstraße.

*Grab des Heimatforschers Gottfried Dörr (1893–1960)
auf dem Friedhof an der Boelckestraße in Mainz-Kastel.
Foto: Ernst Probst, Mainz-Kostheim*

„Die Besitzer dieses Hofes waren große Jäger vor dem Herrn. Die vor der Zerstörung an dem Haus angebrachten riesigen Geweihe stammten von amerikanischen Wapiti-Hirschen. Sie waren ein Geschenk der im vergangenen Jahrhundert nach den Vereinigten Staaten ausgewanderten Söhne der Familie Busch, die in St. Louis eine der größten Bierbrauereien gründeten. Der Schützenhof mit seinem Ackerland gehört heute noch den Amerikanern". Dies schrieb der Heimatforscher Gottfried Dörr (1893–1960) in seinem Buch „Geschichte von Kastel" (1960). Was er zu Papier brachte, war nicht ganz korrekt. Adolphus Busch und sein Bruder Ulrich junior haben die Brauerei „Anheuser-Busch" in St. Louis nicht gegründet. Adolphus führte die Brauerei seines Schwiegervaters Eberhard Anheuser und machte sie zur größten der USA. Sein Bruder Ulrich betrieb in Chicago seine Geschäfte mit Brauereibedarf. Adolphus und die Witwe Katharina unterzeichneten nach dem Tod von Anton Baptist Busch eine Vereinbarung, derzufolge die Kinder des Verstorbenen, wenn sie alt genug wären, das Erbe ihres Vaters antreten sollten. Doch weder die Kinder noch die Enkel von Anton Baptist erhielten jemals ihr Erbe. Dies erzählte Carola Wagner-Wallenstein, die Enkelin von Anton Baptist Busch, den amerikanischen Buchautoren Peter Hernon und Terry Ganey, die das Buch „Under the Influence" veröffentlichten.

Die Schulstraße 29 in Mainz diente als Postadresse für den transatlantischen Postverkehr von Adolphus Busch. Dort befand sich die Hopfenhandlung „Stein & Köster", an der sein Bruder, der Brauerbedarfshändler Peter August Busch, beteiligt war, der 1905 in Wiesbaden starb.

Wohlwollend verfolgte Adolphus Busch das Ziel des am 12. November 1889 gegründeten „Kasteler Krankenhaus-Vereins"

(„KKV"), für Kastel mit mehr als 7.000 Einwohnern und Amöneburg ein Krankenhaus erbauen zu lassen. Adolphus war Mitglied des „KKV". Doch der Plan für ein Kasteler Krankenhaus, der bereits sehr konkrete Formen angenommen hatte, wurde durch die am 1. April 1908 vollzogene Eingemeindung von Kastel nach Mainz zunichte gemacht. Man betrachtete das ebenfalls in Planung befindliche Großkrankenhaus in Mainz als ausreichend auch für die künftige Versorgung der eingemeindeten Orte.

Im November 1911 sagte Adolphus Busch zu, seinem Geburtsort, der seit der Eingemeindung zu Mainz ab 1. April 1908 Mainz-Kastel hieß, 100.000 Reichsmark für die Errichtung eines „Adolphus-Busch-Parks" zu spenden. Auch für den Unterhalt dieses Parks garantierte er. Als Busch 1913 starb, überwies seine Witwe „Lilly" die versprochene Summe treuhänderisch an die Stadt Mainz für die Anlage des Parks. Nachzulesen ist dies im erwähnten Buch „Under the In-fluence" von Peter Hernon und Terry Ganey. Offenbar machte der Tod von Adolphus und der Ausbruch des „Ersten Weltkrieges" diesen Plan zunichte.

Nach dem „Ersten Weltkrieg" (1914–1918) und nach dem „Zweiten Weltkrieg" (1939–1945), bei dem Mainz-Kastel vor allem bei einem amerikanischen Luftangriff am 8 September 1944 verwüstet wurde, baten die Kasteler Busch ihre reichen amerikanischen Verwandten in St. Louis um finanzielle Hilfe. Doch die Busch in Amerika antworteten angeblich kühl, sie könnten keine Familienbeziehungen in Deutschland mehr aufrechterhalten. Deswegen und aus anderen Gründen waren die deutschen Busch nicht mehr gut auf die amerikanischen zu sprechen. Auch diese Schilderung beruht auf Aussagen von Carola Wagner-Wallenstein.

Der „Schützenhof" in der Schützenstraße (seit 1964 Rochus-platz), in dem ein Teil der Kasteler Familie Busch zeitweise gewohnt hatte, wurde während des „Zweiten Weltkrieges" zerstört. In den Ruinen des Hauses fand man unter dem Fußboden eine Schachtel mit Goldmünzen, die man einem Museum schenkte. Auch eine bronzene Büste von Adolphus wurde geborgen. Sie stand eine Zeitlang im Garten von Carola Wagner, der erwähnten Enkelin von Anton Baptist Busch. Auch die Brauerei und das Gasthaus „Zum Goldenen Anker" mit der Adresse „Schützenstraße 4" existieren nicht mehr.

*Foto oben:*
*26. US-Präsident Theodore*
*Roosevelt (1858–1919).*
*Foto: Library of Congress*
*Prints and Photographs*
*Division, Washington, D.C.,*
*Digital ID cph.3a53290*

*Foto unten:*
*27. US-Präsident William*
*Howard Taft (1857–1930).*
*Foto: Library of Congress*
*Prints and Photographs*
*Division, Washington, D.C.,*
*Digital ID ggbain.00909*

# Luxus und Wohltaten

Weltweit war Adolphus Busch mit bedeutenden Persönlichkeiten befreundet. Der 26. US-Präsident Theodore Roosevelt (1858–1919), der 27. US-Präsident William Howard Taft (1857–1930), der begnadete Opernsänger Enrico Caruso (1873–1921) und der französische Theaterstar Sarah Bernhardt (1844–1923) besuchten ihn in seiner Villa in St. Louis. Taft begann 1905, als er noch Kriegsminister war, einen Brief an Busch mit der Anrede „My dear Prince". Danach wurde Adolphus auch von anderen Freunden als „Prince" („Prinz") bezeichnet.

Wenn sich Adolphus Busch in seiner deutschen Sommerresidenz „Villa Lilly" bei Lindschied im Taunus aufhielt, kamen der Bruder Prinz Heinrich (1862–1929) und der Sohn Prinz Adalbert (1884–1948) des deutschen Kaisers Wilhelm II. (1859–1941) sowie der „Prince of Wales", der spätere König Edward VII. von England (1841–1910), dem 55 außereheliche Beziehungen nachgesagt werden, gern als Gäste. Als Busch vom Kaiser angeblich mal ein Adelstitel angeboten wurde, soll er mit folgender Begründung abgelehnt haben: „Ich bin ja schon der Bier-König von Amerika".

Als unkomplizierter und trotz allem äußerlichen Prunk einfacher und bodenständiger Zeitgenosse wird Adolphus Busch von Johannes Westerkamp in seiner Magisterarbeit „Prinz Busch" beschrieben. Adolphus sei selbstbewusst, umgänglich, offen, ehrlich, aufrichtig, leutselig, redselig, direkt, emotionsgeladen, wortgewaltig und zuweilen undiplomatisch gewesen. Über den ausgeprägten Humor von Adolphus Busch kursieren allerlei Anekdoten. Als er im Ausland gefragt wurde, wo St. Louis läge, antwortete er schlagfertig, die Stadt befände sich in

Foto oben:
Tenor Enrico Caruso
(1873–1921).
Foto: Laveccha Studio,
Chicago (no. 3)

Foto unten:
Schauspielerin Sarah
Bernhardt (1844–1923)
als Kaiserin Theodora 1900.
Foto: William &
Daniel Downey

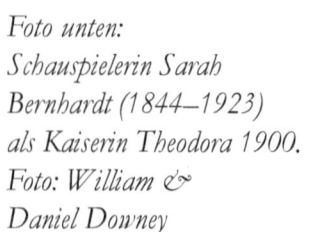

Foto oben:
Prinz Heinrich von Preußen
(1862–1929) im Jahre 1911
Foto: Ferdinand Urbahns
(1863–1944),
Library of Congress
Prints and Photographs
Division, Washington, D.C.,
Digital ID ggbain.15339

Foto unten:
Hochzeit von Prinz Edward
(1841–1910), später König
Edward VII. von England,
und Alexandra
von Dänemark 1863.
Foto: John Jabez Edwin Mayal
(1813–1901)

Foto oben:
William F. Cody
(1846–1917),
genannt „Buffalo Bill".
Foto: Moffet, Chicago.
Library of Congress
Prints and Photographis
Division, Washington, D.C.,
Digital ID cph.3a21252

Foto unten:
Zirkus-Pionier
Phineas Taylor Barnum
(1810–1891).
Foto: Matthew Brady
(1822–1896),
Daguerreotype, National
Portrait Gallery, Smithsonian
Institution, Washington, D. C.

Nähe seiner Brauerei. Sein erfolgreiches Bier „Budweiser" bezeichnete er scherzhaft als „Spülwasser". Einem Geschäftspartner bot er einen 30.000 US-Dollar-Wechsel als Taschentuch an.

Laut Johannes Westerkamp schätzte Adolphus die Geborgenheit und den Schutz seiner Familie und seiner Freunde. Alle seien von seiner Frohnatur angesteckt worden. „Er hatte eine erfrischende Art, eine unerschütterliche, positive Lebenseinstellung, humoristische Schlagfertigkeit und war allen weltlichen Genüssen nicht abgeneigt", urteilte Westerkamp. Herausgeputzt sei er mit einer Krawatte, meist mit einer Perle versehen, und weißer Nelke gewesen. Sein aufrechter Gang erschien würdevoll. Sein Zungenschlag war unverkennbar mainzerisch.

Die Autoren Peter Hernon und Terry Ganey beschrieben Adolphus Busch als eine Persönlichkeit, die den Zirkus-Pionier P. T. Barnum (1810–1891), den Westernhelden „Buffallo Bill" (1846–1917) und den „Eisenbahn-König" Cornelius Vanderbilt (1794–1877) in einem verkörperte. Wie erwähnt, war er als junger Mann schlank und trug volles, kastanienbraunes Kopfhaar. Mit 50 hatte er einen „Bierbauch", obwohl er Wein viel lieber als Bier trank. Im Weinkeller seiner Villa „Number One Busch Place" in St. Louis lagerte eine riesige Kollektion edler Tropfen. Prominenten Persönlichkeiten schenkte er deutschen Wein von der Mosel oder aus dem Rheingau (Eltviller Sonnenberg). Genau in der Mitte seines Bauches baumelte ein goldener Uhr-Anhänger, der mit einem „A" und einem Adler, dem Logo der Brauerei „Anheuser Busch", verziert war. Im reiferen Alter kämmte er seine dünn und grau gewordene Haarpracht nach hinten. Nur eine schmale Locke ragte noch nach vorne. Imposant waren sein lang gezwirbelter

*Adolphus Busch auf einem Foto von 1898.*
*Foto: Library of Congress Prints and Photographs Division,*
*Washington, D. C., Digital ID ggbain.15973*

Schnurrbart und der lange, spitze Kinnbart. Auf einem Foto von 1898 sieht man ihn mit einer Brille, die er in der rechten Hand hält. Andere Menschen begrüßte er mit einem lauten, starken deutschen Akzent. Seine „verbalen Explosionen" wurden immer von einer Handbewegung oder einem Gehstock begleitet. Leute, die ihn persönlich kannten, beschrieben ihn als durchsetzungsfähig, sogar als aggressiv, aber stets auf gutmütige Art und Weise. Er konnte sich sehr ärgern, war aber nicht nachtragend. Wo er auch auftrat, war er mit seiner von teuren europäischen Schneidern angefertigten Garderobe eine extravagante Erscheinung.

Allem Prunk und aller Hektik zum Trotz ließ Adolphus Busch das Schicksal in Not geratener Menschen nicht kalt. Viel Geld schenkte er den Opfern eines schlimmen Hochwasser des Rheins vom November 1882 in seinem Geburtsort Kastel. Den Flutopfern in Dayton (Ohio) ließ er 50.000 US-Dollar zukommen. Nach dem verheerenden Erdbeben am 18. April 1906 in Nordkalifornien, bei dem mehr als 3.000 Menschen ums Leben kamen, spendete er 100.000 US-Dollar (entsprach 2,5 Millionen US-Dollar 2010). Ebenfalls 100.000 US-Dollar stiftete er nach dem furchtbaren Erdbeben von Messina 1908 in Italien mit 72.000 bis 110.000 Todesopfern. Den Schwestern „Vom Guten Hirten" („Sisters of the God Shepherds") gab er zu verschiedenen Anlässen insgesamt 100.000 US-Dollar.

„Lilly" Busch unterstützte großherzig Waisenhäuser und behinderte Kinder. In St. Louis bekam sie den Spitznamen „Lady Bountiful" („deutsch: „Lady Großherzig"), weil sie von einem Diener in ihrer Nachbarschaft erkunden ließ, wer krank oder anderweitig in Not sei. Ihre Villa „Number One Busch Place" war danach am Sonntag für alle Bedürftigen geöffnet. wo man diese mit Geld oder Stoffen oder Kohle versorgte.

*Ausgebrannte Ruinen in San Francisco nach dem verheerenden Erdbeben am 18. April 1906 in Nordkalifornien,*
*bei dem mehr als 3.000 Menschen ums Leben kame.*
*Adolphus Busch spendete 100.000 US-Dollar*
*(entsprach 2,5 Millionen US-Dollar 2010) für die Opfer.*
*Foto: Still Picture Records LICON, Special Media Archives Services Division (NWCS-S), National Archives at College Park,*
*ARC-Identifier: 531006*

Dies wiederholte sich an verschiedenen Tagen im Jahr. Adolphus war über diese Nächstenliebe in den eigenen vier Wänden nicht begeistert, weil er befürchtete, Krankheiten könnten ins Haus geschleppt werden. Andererseits ließ er an kalten Wintertagen auch mal einen Eisenbahn-Waggon mit Kohle nicht zur Brauerei fahren, sondern die Ladung an frierende Menschen verteilen. „Lilly" mochte auch Vögel gerne, besonders ihre Pfauen und Sittiche.

Adolphus Busch besaß luxuriöse Villen in den US-Bun-- desstaaten Missouri (St. Louis), Kalifornien (Pasadena) und New York (Cooperstown) sowie in Deutschland (Lindschied im Taunus). Zwischen diesen Villen pendelte er im Laufe eines Jahres hin und her. Im Frühling lebte er in der Villa „Number One Busch Place" in St. Louis (Missouri), im Sommer in der „Villa Lilly" bei Lindschied im Taunus in Deutschland und im Winter in der Residenz „Ivy Wall" in Pasadena (Kalifornien). Vor der Hinreise nach Deutschland und nach der Rückreise in die USA schob er Abstecher auf die Hopfenfarm „Uncas Lodge" bei Cooperstown im US-Bundesstaat New York ein.

Um 1875 wohnten Adolphus Busch und sein Schwiegervater Eberhard Anheuser – jeder in seiner eigenen Villa – auf einem Hügel in St. Louis mit Blick auf ihre Brauerei. Ihre Villen waren in italienischem Stil erbaut und befanden sich in einer parkähnlichen Umgebung. Adolphus hatte die Hausnummer 10, Eberhard die Nummer 11 und die Brauerei die Nummer 12. Beide Villen verfügten über breite Arkaden und Veranden. Die Villa von Eberhard lag auf dem Hügel etwas höher als jene von Adolphus.

Nach dem Tod seines Schwiegervaters im Mai 1880 zog Adolphus Busch mit seiner Familie in dessen höhergelegene Villa auf dem Hügel in St. Louis. Man weiß heute nicht mehr

*Bild auf Seite 121:*

*Um 1875 wohnten der Schwiegervater Eberhard Anheuser
und sein Schwiegersohn Adolphus Busch –
jeder in seiner eigenen Villa –
auf einem Hügel in St. Louis mit Blick auf ihre Brauerei.
Adolphus hatte die Hausnummer 10 (links unten),
Eberhard Anheuser in einer höher gelegenen größeren Villa
die Hausnummer 11
und die „Bavarian Brewery  E. Anheuser & Co.“
die Hausnummer 12 (unten rechts).*

No. 8.  Golden's Rope-walk.
No. 9.  Hermann Stamm.
No. 10.  A. Busch.
No. 11.  E. Anheuser & Co.

No. 12.  Bavarian Brewery.
         E. Anheuser & Co., Prop'rs.
No. 13.  James Gorman's Brick Yard.

*Villa „Number One Busch Placee" in St. Louis von außen.*
*Foto: W. C. Persons, Missouri Historical Society, St. Louis,*
*Identifier: N33544*
*http://collections.mohistory.org/resource/149697*

*Villa „Number One Busch Place" in St. Louis von innen.*
*Foto: Missouri Historical Society, St. Louis,*
*Identifier: N33545*
*http://collections.mohistory.org/resource/149698*

*Kreuznach und Kauzenburg (links oben) zwischen 1890 und 1900.
Foto: Library of Congress Prints and Photographs Division,
Washington, D.C., Digital ID ppmsca.000761*

genau, ob die alte Villa von Adolphus abgerissen oder anderweitig genutzt wurde. 1904 soll dort eine Wäscherei betrieben worden sein. Das neue Domizil von Adolphus erhielt die Adresse „Number One Busch Place". Jene Villa hatte viktorianischen Glanz und ihre Inneneinrichtung war eines Königs würdig. Die geräumigen 20 Zimmer wurden nach dem Farbschema des „Rosenzimmers", des „Grünen Zimmers" und des „Blauen Zimmers" gestaltet. Auf den Fußböden lagen kostbare französische Teppiche aus dem wegen seiner Bildwirkerei weltberühmten Aubusson und an den Wänden hingen wertvolle Gemälde bedeutender Künstler. Der mit edlen Tropfen bestückte Weinkeller soll der liebste Aufenthaltsort von Adolphus gewesen sein. Im Sommer war die Hauptresidenz „Number One Busch Place" in St. Louis trotz allem Luxus oft kein angenehmes Domizil. Dann herrschte dort häufig heißes und schwüles Wetter.

In Nachbarschaft von „Number One Busch Place" ließ Adolphus Busch später für seinen Sohn August I und dessen Familie die Villa „Number Two Busch Place" erbauen. In „Number Three Busch Place" am Fuße eines von Landschaftsarchitekten gestalteten Hügels wohnte der behinderte Sohn Carl unter ständiger Betreuung eines Arztes und dessen Ehefrau. Am „Busch Place" befand sich ab 1885 auch ein Rundbau für die Pferde und Kutschen von Adolphus. Seine Pferde waren dem Naturfreund und Jäger lieber als schnelle Autos.

Zu einem heute nicht mehr genau bekannten Zeitpunkt versuchte Adolphus Busch vergeblich, die Kauzenburg bei Kreuznach zu erwerben. Zuvor hatte er mit „Lilly" regelmäßig deren Anheuser-Verwandtschaft in Kreuznach besucht. Adolphus bot für die 1688 von Franzosen eroberte, gesprengte und

## THE KING OF THE BREWERS.

### An Interview With Adolphus Busch and His Pleased Expressions.

#### A ROYAL PLEASURE EXCURSION.

All Hail to the Glorious Climate—A Jolly Party and Who They Are—Phineas Fogg Emulated—A Trip for a Silver Wedding.

Though the day was one of the finest of the season yesterday, a bright fire was burning in the parlor usually occupied by the late Senator Miller at the Palace. This parlor is the social headquarters of the Busch party who arrived here in their special car, and who contemplate enjoying this glorious climate to their hearts' content. Their car is side tracked across the bay and to this fact Mr. Ulrich Busch, brother of the brewer king, is chewing the bitter end of discontent. Mr. Busch is suffering from the gout and it pained him exceedingly to make the journey across the bay; however, he hopes to sufficiently recover to enjoy the bright sunshine and balmy air to which he was a stranger in his Chicago home at the time he left to join his brother in St. Louis to make his trip to the Pacific.

THE PARTY

Consists of Mr. Adolphus Busch; Mrs. Adolphus Busch, Miss Edma Busch, Master Gussy Busch, Mr. Tony Faust, Mrs. Tony Faust and Miss Pussy Bennecke of St. Louis ; Mr. Ulrich Busch, Mrs. Anna Busch, Miss Lilly Busch and Miss Minnie Clasaenius of Chicago ; Mr. Goebel of New York; Mr. Ebert and Mr. Anton Busch of Mainz, Germany. The two last-named gentlemen have never visited America before and their journey was an eventful one, inasmuch

*Zeitungsartikel „The King of the Brewers"*
*über die doppelte „Silberne Hochzeit"*
*in der „Daily Alta California" vom 12. März 1886*

niedergebrannte Burg, die er wieder aufbauen und als Residenz nutzen wollte, zwei Millionen Mark. Doch die katholische Kirche intervenierte gegen dieses Vorhaben, weil der römisch-katholisch getaufte Adolphus 1861 seine „Lilly" in einer evangelischen Kirche von St. Louis in einer lutherischen Zeremonie geheiratet hatte. Dem katholischen Besitzer der Burg wurde angeblich angedroht, exkommuniziert zu werden. Eine Exkommunikation ist der zeitlich begrenzte oder permanente Ausschluss aus einer religiösen Gemeinschaft oder von bestimmten Aktivitäten. Der Verkauf an Busch kam nicht zustande. Diese Geschichte wird in der Magisterarbeit „Prinz Busch" (1991) von Johannes Westerkamp sowie in dem Buch „Under the Influence" (1991) von Peter Hernon und Terry Ganey geschildert. Diese Autoren erwähnen einen katholischen Niederländer als jenen Besitzer, der die Kauzenburg nicht an Busch verkaufen wollte. Nach Auskunft des „Stadtarchivs Bad Kreuznach" besaß die Industriellenfamilie Puricelli ab 1881 das „Rittergut Bangert" und die Kauzenburg. Carl III. Wilhelm Puricelli (1824–1911) hatte das Rittergut von Otto von Recum (1821–1885) für seinen 1852 geborenen Sohn Heinrich II. gekauft. Die Familie von Recum hieß ursprünglich van Recum. Zur doppelten „Silbernen Hochzeit" im März 1886 von Adolphus und „Lilly" Busch sowie Ulrich und Anna Busch kam auch Besuch aus der Heimat. Anton Baptist Busch aus Kastel fuhr mit einem Freund namens Ebert auf dem Schiff „Eider" von Bremen nach New York. Dann reiste er weiter nach St. Louis, um dort mit seinen Brüdern deren 25-jähriges Jubiläum ihrer Doppelhochzeit von 1861 zu feiern. Es war eine der stürmischsten Überfahrten, die der Kapitän der „Eider" bis dahin erlebt hatte. Über die doppelte „Silberne Hochzeit" berichtete die Zeitung „Daily Alta California" am 12. März

*Peter Joseph Osterhaus (1823–1917).*
*Foto: Library of Congress Prints and Photographs Division,*
*Washington, D.C.,*
*Digital ID cwpb.05815*

1886 unter der Überschrift „The King of the Brewers".
Fälschlicherweise behauptete diese Zeitung, Anton Baptist
Busch wäre noch nie in den USA gewesen. In Wirklichkeit
hatte er dort nach seiner Auswanderung eine Zeitlang gelebt.
Er war allerdings nach einiger Zeit wieder nach Kastel
zurückgekehrt und hatte dort 1861 geheiratet.
Zu den zahlreichen Nutznießern der ungewöhnlichen Gast-
freundschaft von Adolphus Busch gehörte auch der in Koblenz
geborene badische Revolutionär, US-General im „Ameri-
kanischen Bürgerkrieg", US-Diplomat und Geschäftsmann
Peter Joseph Osterhaus (1823–1917). Ihm überließ Adolphus,
der sich von Juni bis Oktober in seiner Sommerresidenz „Villa
Lilly" bei Lindschied im Taunus aufhielt, vom 24. Mai bis 29.
Juli 1904 seine Villa „Number One Busch Place" in St. Louis
mitsamt Personal zur Verfügung. Osterhaus war „geradezu
betäubt" vom Ausmaß der riesigen Brauerei „Anheuser-
Busch". Er verglich sie mit „einer ganz großen Stadt", die eine
„Ausdehnung und ein Flächenareal wie Coblenz" habe. In
Deutschland hatte sich Osterhaus an der Revolution von 1848
beteiligt. Er war zuletzt Oberst der Bürgerwehr von Mannheim
gewesen und nach dem Scheitern der Revolution in die USA
geflohen, wo er in Belleville (Illinois) und St. Louis (Missouri)
lebte. Nach dem „Amerikanischen Bürgerkrieg" war Osterhaus
Militärgouverneur von Mississippi, US-Konsul in Lyon (1866–
1877), Vizekonsul in Mannheim (1898–1900), ab 1905 Brigade-
general a. D. und ab 1915 Generalmajor a. D.
Obwohl sich Adolphus Busch im Laufe der Zeit zum reichsten
Mann in St. Louis hochgearbeitet hatte, akzeptierte ihn der
alte Geldadel in der Metropole am Mississippi nicht. In
bestimmten Kreisen zählt zufällige Herkunft mehr als eigene
große Leistung. Solcher Dünkel ist auch heute noch verbreitet.

*Langenschwalbach (seit 1927 Bad Schwalbach) im Taunus um 1900.*
*Foto: Library of Congress Prints and Photographs Division, Washington, D.C., Digital ID ppmsca.00640*

Beim Dorf Lindschied im Taunus nahe Langenschwalbach entstand ab 1891 nach Entwürfen der Kasteler Architekten Friedrich Groh und Joseph Drescher eine prachtvolle Sommerresidenz für Adolphus Busch und Gattin „Lilly". Langenschwalbach heißt seit 1927 Bad Schwalbach. Lindschied hatte 1885 nur 170 Einwohner (heute: 590) und wurde 1977 nach Bad Schwalbach eingemeindet. Die Sommerresidenz war etwa 33 Kilometer von Adolphus' Geburtsort Kastel am Rhein entfernt. Das anfangs errichtete Haupthaus oder „Jagdschloss" bezeichnete der „Bier-König" nach dem Vornamen seiner Frau als „Villa Lilly". Es ist eine Mischung aus europäischem Klassizismus und amerikanischem Kolonialstil. Auf der Internetseite „Kulturdenkmäler in Hessen" heißt es über die „Villa Lilly": „Der in Backstein, Fachwerk und Sandstein errichtete dreigeschossige Bau übersetzt das Leitmotiv des Jagdhauses in die Dimensionen einer komfortablen Gründerzeitvilla. Verglaste Wintergärten und Laubengänge mit zierlicher Fachwerk- und Sprossenornamentik, Gauben und Dachtürmchen lassen den massiven Baukörper transparent und vielgestaltig erscheinen und stellen den Charakter eines Sommerhauses her." Zur Inneneinrichtung gehörten eine holzvertäfelte Bibliothek mit bemalter Holzkassettendecke im Neorenaissance-Stil sowie ein Fußbodenmosaik im Eingangsbereich. Weitere Gebäude kamen hinzu: 1891 „Haus Flora", 1908 Pförtnerhaus, Forsthaus, Remise, Waschhaus, Gärtnerhaus, Werkstätten, Treibhäuser und ein 38 Hektar großer Park, den Hirsche belebten. In Treibhäusern gediehen die schönsten Blumen. Zur ursprünglichen Ausstattung gehörten ein Tennisplatz und Brunnen. Auf dem Areal der Sommerresidenz befand sich ein Märchenpark, in dem die bekanntesten deutschen Märchen dargestellt wurden.

*„Villa Lilly" (oben) und*
*„Haus Claire" (unten)*
*bei Lindschied im Taunus.*
*Fotos: Andreas Roskos*
*(via Wikimedia commons),*
*Lizenz: gemeinfrei*
*(Public domain)*

Zur Freude des begeisterten Jägers Adolphus Busch tummelte sich in den naheliegenden Kiefernwäldern viel Wild. Er und seine Brüder Ulrich junior, Anton Baptist und Peter August pachteten in den Gemarkungen Langenschwalbach, Lindschied, Heimbach, Kemel, Breithard und Langenseifen langfristig Jagdreviere. Für Jagdausflüge ließ Adolphus eine urige Hütte namens „Waldfriede" errichten. Ein eigens eingestellter Förster betreute die Waldungen.

Im Sommer 1903 erwähnte Adolphus in Briefen an Freunde seine Jagderfolge im Taunus. In einem Brief vom 26. Juli 1903 schrieb er, gestern habe er Rehbock Nummer 8 und Hirsch Nummer 1 zur Strecke gebracht. Der lokale Förster habe erklärt, noch nie habe jemand so gut geschossen wie er in den letzten fünf Tagen. Das sei ein weiterer Beweis für seine ruhige Hand und sein Adlerauge. Am 18. August 1903 teilte Busch in einem Brief an einen anderen Adressaten mit, er gehe jeden Tag morgens und spät abends zur Jagd. Er habe mehr Rehböcke als alle seine Vorgänger geschossen. Innerhalb nur eines Monats habe er 30 Rehböcke erlegt. Die Möglichkeiten zur Jagd im Taunus reichten Adolphus auf Dauer nicht aus. Um 1897 pachtete er eine Jagdhütte bei Argenthal zwischen Rheinböllen und Simmern und im Hunsrück.

Das neben der „Villa Lilly" zweitgrößte Gebäude auf dem Gelände bei Lindschied entstand 1912. Dieses nach der Enkelin Lilly Claire von Gontard (1910–1986) benannte „Haus Claire" mit Jugendstil-Elementen trägt europäische Züge. Giebel und Dach wurden mit Schieferplatten belegt. Von nach Süden und Osten ausgerichteten offenen und verglasten Loggien blickte man auf vorgelagerte Terrassen und Gartenanlage. Im Osten lag ehedem der Rosengarten mit Wasserbecken und Pergola auf ornamentierten Terrakotta-Säulen. Zur wertvollen Innenausstattung gehörte ein Gartenzimmer mit Stuckdecke und gekacheltem Wandbrunnen und eine bunte Jugendstil-Bleiverglasung im Treppenhaus und anderen Räumen.

Ab 1891 wohnte der vielleicht heimwehkranke Adolphus Busch mit seiner Frau jeweils im Sommer und Herbst in der „Villa Lilly" bei Lindschied im Taunus. Dort arbeiteten ganzjährig 60 Bedienstete. Den Posten des Verwalters hatte Julius („Lullus") Busch, ein Sohn des Kasteler Weinhändlers Anton Baptist Busch. Nahezu täglich nutzte Adolphus die Dienste des Telegraphenamtes in Langenschwalbach. Auf diese Weise informierte er sich über die aktuelle Entwicklung des Geschäftes von „Anheuser-Busch". „Lilly" wusste in Langenschwalbach die Künste des Friseurs Louis Eschenauer zu schätzen. Im Gefolge von Adolphus zog es alljährlich Tausende von Amerikanern in die Hotels von Langenschwalbach.

Ursprünglich wollte sich Adolphus Busch in der Gemarkung Kemel (seit 1971: Gemeinde Heidenrod) im Taunus am nahegelegenen Galgenkopf niederlassen. Doch dieses Vorhaben scheiterte an der Ablehnung des dortigen Bürgermeisters und der Gemeinde. Dagegen reagierten die Gemeinden Lindschied und Heimbach wohlwollender. Schließlich konnte Adolphus von der Familie Diefenbach das Gebiet des ehemaligen Hofes Wallenbruch, den „Galgenhof und von dem Freiherrn von Dungern den Hof Gieshübel kaufen.

In der Sommerresidenz „Villa Lilly" bei Lindschied fand sich alljährlich eine bunt zusammengewürfelte Gesellschaft ein. Neben Adolphus Busch, seiner Gattin „Lilly", Kindern des Ehepaares, den Privatsekretärinnen Berg und Schumann sowie dem alten Freund Carl Conrad kamen auch Geschäftsleute aus den USA und Deutschland sowie deutsche Verwandte.

Aus Wicker bei Hochheim am Main erschien Johann Baptist („Schambes") Busch, der seit den 1870er Jahren zusammen mit seinem Bruder Joseph Heinrich die „Gebrüder Busch Brauerei" betrieb. Johann Baptist und Joseph Heinrich waren Söhne des Halbbruders Kaspar von Adolphus. Kaspar hatte zehn Kinder: Barbara, Franziska, Ulrich, Margaretha, Richard, Jakob Ulrich, Johann Baptist, Catharina, Joseph Heinrich und Anna Josephina. Von der Anheuser-Verwandtschaft aus Kreuznach kam Philip August III, der Sohn eines Cousins von „Lilly". Für dessen Sohn Egon Anheuser fungierte Adolphus Busch 1912 als Taufpate.

Ein gern gesehener Gast in der Sommerresidenz „Villa Lilly" von Adolphus und „Lilly" Busch war der mit ihnen verwandte Unternehmer Peter Schüttler II (1841–1906). Dessen aus Wachenheim an der Weinstraße stammender Vater Peter Schüttler I (1812–1865), genannt „Great Chicago Wagon King", war 1834 nach Amerika ausgewandert. Die „Peter Schuettler Company" in Chicago gilt als einer der bedeutendsten Pferdewagen-Hersteller in Nordamerika. Peter Schüttler II hatte 1872 Wilhelmina („Minnie") Anheuser (1850–1901) geheiratet und mit ihr fünf Kinder namens Peter, Carl, Walter, Adolph B. und Lillian. Der Witwer starb am 16. September 1906 im Alter von 64 Jahren in der „Villa Lilly". Sein Leichnam wurde wenige Tage nach seinem Tod auf dem Passagierschiff „Kronprinz Wilhelm" in die USA überführt und in Chicago bestattet.

Von der „Villa Lilly" bei Lindschied aus besuchte Adolphus Busch häufig die rund 27 Kilometer entfernte Kurstadt Wiesbaden. Dort traf er beispielsweise den Prince of Wales, der von 1901 bis 1910 als Edward VII. (1841–1910) das Vereinigte Königreich regierte. Aus Wiesbaden stammten Hugo

*Unternehmer Peter Schüttler II
(1841–1906),
Ehemann von Wilhelma
(„Minnie") Anheuser,
der Tochter
von Eberhard Anheuser
Foto: Archiv des Corps
Saxonia Karlsruhe
(via Wikimedia Commons),
Lizenz: gemeinfrei
(Public domain)*

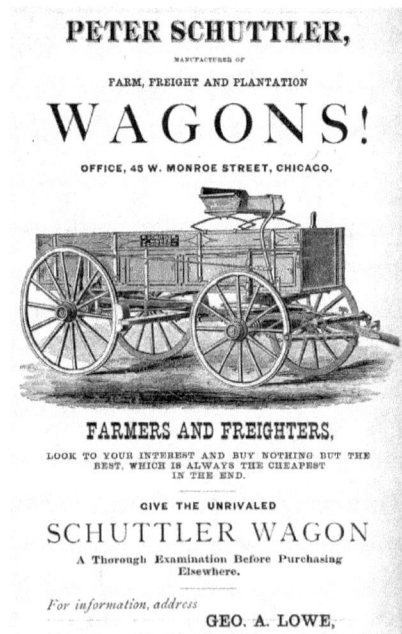

*Werbung für Pferdewagen
der Firma Peter Schüttler
(Schuttler) aus der Zeit
von 1860 bis 1870.*

Reisinger, der Schwiegersohn von Adolphus, und Rudolf Knippenberg, der korpulente Sekretär von Busch.

Das Ehepaar Busch ließ 1897 von dem schwedischen Maler und Bildhauer Anders Zorn (1860–1920) Ölgemälde von sich anfertigen. Beide Bilder waren 95,2 Zentimeter breit und 129,5 Zentimeter hoch. Zorn wurde unehelich als Anders Leonardsson geboren und nahm den Namen seines deutschstämmigen Vaters Johann Leonhard Zorn an, obwohl er diesen nie kennen lernte. Ab 1893 schuf er Werke im Auftrag von Großindustriellen und Politikern in den USA. 1901 entstand ein Porträt von Adolphs Freund Charles Nagel und 1907 von Adolphs Schwiegersohn Hugo Reisinger. Das Porträt von Adolphus wurde am 29. April 2013 in New York im Auktionshaus „Christie's" für 207.750 US-Dollar versteigert, das von „Lilly" für 132.750 US-Dollar.

Im März 1904 trafen Adolphus und „Lilly" Busch mit ihrem „Palace Pullman-Salonwagen" namens „Adolphus" in Pasadena (Kalifornien) ein und mieteten dort im eleganten Hotel „Raymond South" zehn Zimmer. Einige Wochen später wurde bekannt, Busch habe vom Tabak-Magnaten George S. Myers (1832–1910) ein traumhaftes Grundstück mitsamt imposantem Herrenhaus im englischen Stil erworben. Im Februar 1905 war das 1898 errichtete Herrenhaus nach Wünschen des Ehepaares Busch eingerichtet und bezugsfertig. Fortan trug es den Namen „Ivy Wall" und diente als Winterresidenz. Von dort aus konnte man auf die Schlucht „Arroyo Seco" nahe der südwestlichen Grenze von Pasadena und auf die „Orange Grove Avenue" blicken, die als „Meile der Millionäre" bekannt wurde. Nahe „Ivy Wall" befand sich das Gästehaus „The Blossoms", das Adolphus 1910 für 165.000 US-Dollar kaufte. Das war damals der höchste Preis für eine Residenz in Pasadena. Vorbesitzerin

„Lilly" Busch (1844–1928),
Ehefrau von Adolphus Busch.
Bild: Reproduktion
eines Gemäldes
des schwedischen Malers
Anders Zorn (1860–1920)
von 1897

Hugo Reisinger (1856–1914),
Schwiegersohn
von Adolphus Busch.
Bild: Reproduktion eines
Gemäldes von Anders Zorn
von 1907.
Original in der
National Gallery of Art

*Pasadena in Kalifornien 1886, im Vordergrund Zitrusplantagen.*
*Bild: Theodore Parker Lukens (1848–1918)*

*Winterresidenz „Ivy Wall" in Pasadena (Kalifornien) um 1910.*
*Bild: Aufnahme eines unbekannten Fotografen*

*Sunken Garden" („Schwebende Gärten") in Pasadena (Kalifornien)
um 1906–1910.*
*Foto: California Historical Society Collection 1860–1960*

soll eine „Frau Blossoms" gewesen sein. „Ivy Wall" stand für die Familie des Sohnes August I und für Gäste zur Verfügung. Um „Ivy Wall" ließ das Ehepaar Busch ab 1905 die „Sunken Garden" („Schwebenden Gärten") anlegen und ständig vergrößern, wobei man keine Kosten scheute. Dieses 30 Hektar große Paradies mit 14 Meilen (mehr als 20 Kilometer) gewundener Wege, 100.000 Pflanzen, seltenen Vögeln, hundert aus Europa importierten kitschigen Märchenfiguren, vielen erstaunlichen Gebäuden und Strukturen erwies sich drei Jahrzehnte lang als eine der wichtigsten Attraktionen für Touristen in Südkalifornien. Rund 50 Gärtner betreuten jene botanisch einzigartige Anlage, die ein einzigartiges Paradies für Kinder darstellte. Dieser Park diente bei vielen Hollywood-Filmen wie „Frankenstein" (1910), „Robin Hoods Abenteuer" (1931), „Dr. Jekyll and Mister Hyde" (1931) und „Gone with the Wind" (1939) als Kulisse. Besucher lobten den Park als „Achtes Weltwunder". „Lilly" Busch behielt ihn bis zu ihrem Tod im Jahre 1928. Erst 1937 wurde „Busch Gardens Pasadena" geschlossen.

Kalifornien erschien der Familie Busch als „schönster Platz der Welt". Dort überwinterte sie ab 1886 gerne. Adolphus kam oft nach Weihnachten nach Pasadena, blieb bis zum Mai, kehrte nach St. Louis zurück, bevor er von Juni bis Oktober in Deutschland lebte. 1911 erklärte Adolphus, er habe Pasadena ausgewählt, weil er es für ein wahres Paradies halte. In Bezug auf gesundes Klima, Landschaft, Vegetation und allgemeinem Lebenskomfort sei Pasadena auf der Welt unübertroffen.

Bei Cooperstown (Otsego County) im US-Bundesstaat New York, ehedem ein Hopfenanbau-Zentrum der USA, kaufte Adolphus Busch 1904 von dem Brauereibesitzer Simon Uhlmann eine riesige Hopfenfarm mit historischer Villa.

*Uncas (um 1605–1682), der letzte Häuptling der Mohikaner,
tötet nach einer Schlacht den gefangenen Anführer seiner Feinde.
Bild: Emund Ollier: Cassell's History of the United States*

Uhlmann hatte diese Farm 1899 von August von Horn erworben. Er war Hopfenhändler und an anderen Unternehmen wie „Hinckel Brewery" und „Brooklyn Elevated Railroad" beteiligt. Ursprünglich hieß das Anwesen bei Cooperstown oberhalb von „Three Mile Point" noch „Uncas Lodge" oder „Uncas Farm". Uncas (um 1605–1682) war der letzte Sachem (Anführer oder Häuptling) der Mohegan (Mohikaner). Als Verbündeter der Engländer spielte er eine wichtige Rolle bei der Eroberung von Neuengland. Weil er 1637 den Engländern im Pequot-Krieg half, ist er bis heute eine umstrittene Person. Beim Angriff der von Mohegan- und Narraganset-Kriegern unterstützten Engländer auf das Hauptfort der Pequot am Mystic River in Connecticut verbrannten 500 bis 600 Bewohner bei lebendigem Leib oder sie wurden abgeschlachtet. Von dem malerisch gelegenen Grundstück bei Cooperstown aus bietet sich ein herrlicher Blick auf den „Lake Otsego" (Otsego-See). Dieser See ist ein Schauplatz in den Erzählungen über „Lederstrumpf" des amerikanischen Schriftstellers James Fenimore Cooper (1789–1851), dessen Vater William Cooper den Ort Cooperstown gegründet hatte. 2018 wurde dieses traumhafte Anwesen für sieben Millionen US-Dollar angeboten.

Dank des Riesenerfolges seiner Brauerei, seines Jahreseinkommens von zeitweise zwei Millionen US-Dollar und seines enormen Vermögens konnte Adolphus Busch viel Gutes tun. Er trug die Baukosten für ein Hauptgebäude der privaten „Washington University" in St. Louis, dessen Grundsteinlegung am 20. Oktober 1900 erfolgte. Dieses Gebäude namens „Busch Hall" hatte einen Wert von rund 126.000 US-Dollar. Am 16. Januar 1909 sagte Adolphus 100.000 US-Dollar für die Kinderklinik „Medical School" der „Washington University" zu. Wegen steigender Kosten erhöhte er diese Summe später

*Weltausstellung „Louisiana Purchase Exposition"*
*(„The Saint Louis World's Fair") 1904 in St. Louis (Missouri).*
*Foto: „David R. Francis: The Universal Exposition*
*of 1904" (1905)*

um weitere 150.000 US-Dollar. Außerdem unterstützte Adolphus das Studium der Naturwissenschaften und der deutschen Sprache an der „Washington University" in St. Louis. Der „Harvard University" (Cambridge, Massachusetts) stiftete er zwischen August 1908 und Anfang 1911 in vier Raten insgesamt 350.000 US-Dollar (entsprach 8,12 Millionen US-Dollar 2010) für den Bau des von Kuno Francke (1855–1930) begründeten „Germanischen Museum", das altdeutsche Kultur und Kunst zeigen sollte und 1903 eröffnet wurde. 1950 schenkte die Tochter Edmée Reisinger dem „Germanischen Museum" (heute: „Busch-Reisinger Museum") nochmals 300.000 US-Dollar. Das Vorhaben der „German Publication Society", deutsche Texte über den Kreis von Germanisten und Deutschamerikanern hinaus zu verbreiten, hat Adolphus ebenfalls finanziell unterstützt.

Zudem machte sich Adolphus Busch als Förderer der am 1. Mai 1904 eröffneten Weltausstellung „Louisiana Purchase Exposition" („The Saint Louis World's Fair") in St. Louis verdient. Eigentlich sollte diese Weltausstellung als Hundertjahrfeier anlässlich des „Louisiana Purchase" bereits 1903 stattfinden, wurde aber um ein Jahr auf 1904 verschoben. Als „Louisiana Purchase" bezeichnet man den Verkauf des 2,1 Millionen Quadratkilometer großen „Louisiana-Territoriums" durch Frankreich an die USA, der am 30. April 1803 erfolgte. Adolphus gehörte dem Planungsausschuss „Commitee der 50" an, war mit 100.000 US-Dollar einer der größten Aktionäre der „Louisiana Purchase Expositon Co." und hatte den Vorsitz des „Commitee on Foreign Relation". In letzterer Funktion warb er in Europa für die Weltausstellung 1904. Zusammen mit lokalen Bierbrauern verwirklichte er die Idee einer naturgetreuen Nachbildung eines Tiroler Alpendorfes mit

*Porträtfoto nach dem Vorbild eines Gemäldes*
*von Adolphus Busch aus dem Jahre 1904.*
*Foto: Julius Caesar Strauss (1857–1924), St. Louis*

riesigem Restaurant. Für 500.000 US-Dollar entstand der größte
Veranstaltungsort der Weltausstellung mit Gesangs- und
Tanzdarbietungen zweier Tiroler Vereine. Als Anerkennung
für seine Werbedienste schenkte ihm der „Tiroler Alpenverein"
ein kunstvoll geschnitztes Kästchen mit einem auffällig
gestalteten Adler. Das Kästchen gelangte später ins „Stadtarchiv
Bad Schwalbach".

Auf der Weltausstellung 1904 in St. Louis fiel Adolphus Busch
die vom 18. US-Präsidenten Ulysses S. Grant erbaute Block-
hütte „Hardscrabble" auf, die dort als eine der vielen
Attraktionen aufgestellt war. Kurzerhand kaufte er diese Hütte
und ließ sie nahe des Original-Standortes wieder errichten.

Nach der Weltausstellung war das Fotostudio von Julius Caesar
Strauss (1857–1924) in St. Louis von 1904 bis 1924 eine lokale
Touristenattraktion. Der in Cleveland geborene Sohn eines
aus Bayern stammenden Schneiders galt bereits um die Jahrhundertwende als international bekannter Fotograf. Er hatte
sein Zuhause verlassen, sich 1876 in St. Louis niedergelassen
und dort 1879 ein Fotostudio eröffnet. Strauss experimentierte
mit verschiedenen Lichtverhältnissen und Hintergründen und
fertigte starr posierte Porträts an, die wie Gemälde wirken.
Bei ihm ließ Adolphus Busch 1904 nach dem Vorbild eines
Gemäldes ein Porträtfoto anfertigen. Jene Aufnahme ist das
Titelbild dieses Taschenbuches.

Der Aufenthalt von Adolphus Busch im Herbst 1906 in der
„Villa Lilly" bei Lindschied wurde durch den Tod von Anthony
(„Tony") Edward Faust (1836–1906) getrübt. „Tony" starb am
28. September 1906 in Wiesbaden im Alter von 70 Jahren. Er
hatte in einer Kutsche gesessen, als die Pferde durchgingen
und einen folgenschweren Unfall verursachten. Mit 17 war
der gelernte Pflasterer „Tony" 1853 aus Deutschland nach

*Anthony („Tony") Edward Faust (1836–1906),*
*Restaurant-Betreiber in St. Louis*
*und einer der besten Freunde von Adolphus Busch.*
*Foto: Undatiertes Foto eines unbekannten Fotografen*

Amerika ausgewandert. Nach Beginn des „Amerikanischen Bürgerkrieges" traf ihn 1861 ein Gewehrschuss ins Bein, der sich löste, als ein Soldat bei Unruhen in St. Louis versehentlich seine Waffe fallen ließ. Nach seiner Genesung entschied sich „Tony" dazu, den Beruf zu wechseln. Er eröffnete ein kleines Café, diente ab 1863 als Soldat und führte ab 1871 in St. Louis an der Ecke Broadway und Elm Street das berühmte „Oyster House & Restaurant". Dort speiste Adolphus oft und trank statt Bier immer Wein. Eine Attraktion war ab 1878 der Dachgarten, den Faust mit einer bei der „Pariser Weltausstellung" gekauften elektrischen Beleuchtung illuminierte. Wenn Adolphus nachmittags um 4 Uhr in das Lokal von Faust kam, spielte er dort gerne Poker oder Skat mit Geschäftsleuten, Schauspielern und Boxern.

Bei Faust führte der Weinkenner Adolphus seine berühmte Weinprobe durch. Er wettete um 100 US-Dollar oder mehr, dass er jeden Wein durch Verkostung erkennen könne. Dann füllte man mehrere Gläser mit verschiedenen Weinsorten, aus denen er jeweils einen Schluck nahm und danach den Namen des probierten guten Tropfens sagte. Dabei irrte er sich selten. Egal ob er die Wette gewann oder verlor, zahlte er immer die angebrochenen Weinflaschen. Bei jeder dieser Weinproben war demnach Faust einer der Gewinner.

Für Adolphus Busch war „Tony" Faust so etwas wie ein Bruder gewesen. Seine Tochter Anna Louise heiratete 1897 den Sohn Edward von „Tony" Faust. Eine Bier-Exklusivmarke, die ab 1884 anfangs nur im Restaurant von „Tony" in St. Louis ausgeschenkt wurde, erhielt den Namen „Faust". Vom Verlust seines Seelenverwandten „Tony" erschüttert, ließ Adolphus den Sarg zur „Villa Lilly" bei Lindschied bringen. Dort schmückte er die Kiste, in welcher sich der Sarg befand, mit

Berühmtes „Oyster House & Restaurant"
von Anthony („Tony") Edward Faust (1836–1906)
an der Ecke Broadway und Elm Street in St. Louis.
Foto: Missouri History Society, St. Louis, Identifier: N20928,
http://collections.mohistory.org/resource/146901

Zweigen aus dem Wald um seine Jagdhütte „Waldfriede", wo die beiden Männer als Jäger viele glückliche Stunden erlebt hatten.

Im reiferen Alter, als sein Sohn August I, der ab 1894 Vizepräsident der Brauerei war, immer mehr die Geschäfte führte, frönte Adolphus Busch mehr als früher der Reiselust. Oft verreiste er in seinem komfortablen Pullman-Salonwagen, der bei Schiffsreisen mitgenommen und danach auf Eisenbahnschienen gesetzt wurde. Irgendwann ließ er Gleise von der Brauerei bis zum Park seiner Villa in St. Louis legen, damit er vor der Haustür in seinen privaten Salonwagen steigen konnte. Bei langen Reisen nach Deutschland fuhr er mit dem Salonwagen bis zur Atlantikküste, wo man diesen auf ein Schiff verlud und nach der Ankunft in Bremerhaven wieder auf die Schiene setzte. Diesen Salonwagen verlieh Busch häufig auf seine Kosten an Familienmitglieder und gute Freunde.

Eine Woche vor Weihnachten verfasste Adolphus Busch am 16. Dezember 1908 sein Testament. Als Erben bestimmte er acht Parteien mit gleichen Teilen:

die Witwe „Lilly" Busch,

den Sohn August Busch senior (August I),

den behinderten Sohn Carl Busch, dessen Anteil dessen Bruder August I verwalten sollte,

die Tochter Edmée Reisinger,

die Tochter Anna Louise („Tolie") Faust,

die Tochter Clara von Gontard

die Tochter Nellie Loeb, deren Anteil wegen ihrer Verschwendungssucht treuhänderisch verwaltet werden sollte,

die Tochter Wilhelmina Scharrer, deren Anteil treuhänderisch verwaltet werden sollte, damit ihr Ehemann Eduard Scharrer keine Vorteile aus der Erbschaft seiner Frau ziehen konnte.

*Adolphus Busch um 1900.*
*Foto: Missouri History Society, St. Louis, Identifier: N11669,*
*http://collections.mohistory.org/resource/141152*

Als Testamentsvollstrecker wurden „Lilly" Busch, Edward A. Faust und der Anwalt Charles Nagel vorgesehen, als Nachlassverwalter „Lilly" Busch, August Busch senior (August I) und Charles Nagel.

Die Spenden wurden folgendermaßen aufgeteilt: 170.000 US-Dollar an namentlich aufgeführte Wohltätigkeits-Organisationen (davon 50.000 US-Dollar für das „St. Louis Altenheim", 10.000 US-Dollar für das „Allgemeine Protestantische Deutsche Waisenhaus" in St. Louis), 40.000 US-Dollar zweckgebunden im Ermessen der Erben, jeweils 10.000 US-Dollar an die Privatsekretärin Alvina Clementine Berg von Adolphus sowie die Haushälterin und Privatsekretärin Anna Schumann von „Lilly".

1910 zeigte Adolphus Busch wieder einmal ein Herz für seine zahlreichen Mitarbeiter in der Brauerei „Anheuser-Busch". Er richtete für sie einen „Happiness Fund" ein, der jährlich mit 75.000 US-Dollar ausgestattet wurde. Der „Happiness Fund" bestritt Sozialleistungen wie Altersruhegeld, Kranken- und Hinterbliebenen-Versorgung sowie Weihnachtsgratifikationen. Dem lobenswerten Vorbild folgten später auch andere Unternehmen.

Am 1. März 1911 ernannte Langenschwalbach (seit 1927 Bad Schwalbach) Adolphus Busch, den regelmäßigen Gast der Sommerresidenz bei Liedschied, zum Ehrenbürger. In Lindschied war das Ehepaar Busch immer sehr willkommen. Wenn Adolphus und „Lilly" mit Kindern nach Lindschied kamen, beflaggten Dorfbewohner ihre Häuser. Bei der Ankunft wurde Adolphus wie ein Ritter im Mittelalter, der von einem Kreuzzug heimkehrt, freudig begrüßt. Als es Adolphus gesundheitlich noch besser ging, reiste das Ehepaar Busch von der „Villa Lilly" aus in Deutschland umher und besuchte auch

*Wie eine Königin auf einem Thron saß „Lilly" Busch
im März 1911 bei der Feier ihrer „Goldenen Hochzeit".
Foto: Aufnahme eines unbekannten Fotografen*

kulturelle Veranstaltungen wie die „Bayreuther Festspiele".
Mehrfach gab es Abstecher zum Essengehen in Paris und zur
Kur in Carlsbad (Böhmen).
Außenstehenden erschienen Adolphus Busch und seine Gattin
„Lilly" als Traumpaar. Adolphus soll aber ein Auge für andere
Frauen gehabt haben. „Lilly" liebte ein ruhiges Leben und
war extrem eifersüchtig. Vor allem wegen der Privatsekretärin
Alvina Clementine Berg von Adolphus gab es Reibereien
zwischen dem Ehepaar Busch. Anlass für eine nicht unbe-
gründete Eifersucht könnte ein verdächtiges „Liebes-Tele-
gramm" gewesen sein, das – einem Busch-Nachkommen zufolge – Alvina an Adolphus geschickt hatte und „Lilly" versehentlich in die Hände gefallen war.
Wenn „Lilly" herausgeputzt unterwegs war, funkelten ihre
wunderschönen und teilweise extrem wertvollen Juwelen. An
einer Hand trug sie einen sehr feinen Rubin, wie man ihn selten
im ganzen Land sah. Blinkende Diamanten schlossen ihre
Halskette mit vier Reihen edelster orientalischer Perlen ab.
Anlässlich seiner „Goldenen Hochzeit" am 11. März 1911
schenkte Adolphus Busch seiner „Lilly" eine mit Diamanten
und Perlen verzierte goldene Krone im Wert von 200.000 US-
Dollar. Zur prunkvollen Feier des 50. Hochzeitsjubiläums in
„The Blossoms" in Pasadena (Kalifornien) kamen die gelade-
nen Gäste in einem Sonderzug. Unter den Gästen war auch
Otto Mathy aus Mainz, ein höherer Angestellter und häufiger
Gast von Adolphus, der Glückwünsche des Mainzer Bürger-
meisters Karl Göttelmann (1858–1928) übermittelte. „Lilly"
saß bei der Feier wie eine Königin auf einem Thron. Die
Geschenke der prominenten Gratulanten – darunter der
damalige US-Präsident William Howard Taft, der frühere US-
Präsident Theodore Roosevelt und der deutsche Kaiser

Wilhelm II. – waren ungefähr 500.000 US-Dollar und die Blumen 30.000 US-Dollar wert. Präsident Taft schenkte eine 20-Dollar-Goldmünze, Ex-Präsident Roosevelt einen Goldcup. Jedes der noch lebenden neun Kinder von Adolphus und „Lilly" erhielt damals einen standesgemäßen Wohnsitz. Mehr als 10.000 Mitarbeiter der Brauerei in St. Louis konnten sich über einen freien Tag und eine Feier im „St. Louis Coliseum", das „German Children's Hospital" in New York über 5.000 US-Dollar und das „German Seaman's Home" in Hoboken ebenfalls über 5.000 US-Dollar freuen. Die Brauerei-Mitarbeiter schickten Adolphus ein „Western Union"-Telegramm aus Gold, das auf einer das Firmen-Emblem darstel-lenden Staffelei ruhte. Geschäftsleute aus St. Louis verliehen Adolphus per ganzseitiger Anzeige in der „Westlichen Post" den Titel „Dr. phil. homo sum et nihil humani a me alienum puto".

Mehrfach bezahlte Adolphus extravagante Hochzeiten und Beerdigungen innerhalb der Familie Busch. Er war aber auch Nichtverwandten gegenüber großzügig. Bei einer Feier für seine Brauerei-Mitarbeiter in St. Louis wurden schätzungsweise 50.000 Flaschen Bier, 10.000 Zigarren und 30.000 Sandwiches bereitgestellt.

Eine Gruppe religiöser Persönlichkeiten bezeichnete Adolphus Busch im Herbst 1911 als den „Ersten Bürger von St. Louis" („First Citizen"), weil er viel Geld für Wohltätigkeits-Organisationen der Stadt spendete. Im Vorfeld einer Kampagne des „Men and Religion Forward Movement" hatte man eine Umfrage durchgeführt, welche Bürger von St. Louis den größten Einfluss in der Stadt hätten. Bis zu seinem Tod stiftete Adolphus fast eine Million US-Dollar allein für Erziehungs- und Wohltätigkeitsorganisationen. Diese Summe würde heute schätzungsweise mehr als 20 Millionen US-Dollar entsprechen.

Auch für die Kunst hatte Adolphus Busch ein Herz. Seine Villa „Number One Busch Place" in St. Louis war mit Skulpturen, Wandteppichen und Gemälden überladen. Die Bildersammlung wuchs im Laufe der Zeit so stark, dass er Teile davon ins Hotel „Adolphus" in Dallas auslagern musste und plante, in „Number One Busch Place" eine Galerie einzurichten. Adolphus lebte Opern und besuchte die „Metropolitan Opera" in New York, die Frankfurter Oper und die „Bayreuther Festspiele". Den weltberühmten Sänger Enrico Caruso kannte er persönlich. In seiner Villa „Number One Busch Place". in St. Louis veranstaltete er Opernabende mit bedeutenden Künstlern. Als sich eine Initiative für den Bau eines deutschen Opernhauses in St. Louis einsetzte, unterstützte Adolphus dies. Auf Anregung seines Schwiegersohnes Edward A. Faust bot er 1912 an, für jenes Vorhaben 50.000 US-Dollar zu spenden. Doch das wurde nicht akzeptiert.

Großzügigkeit war für Adolphus Busch kein Fremdwort. Immer hatte er eine Hosentasche voller Goldstücke, die er als Trinkgeld spendete. Verwandten schenkte er gerne goldene Anstecknadeln mit dem Firmenwappen der Brauerei. Oft hatte er Mitleid mit Menschen in Not. Zum Beispiel im Mai 1913: Damals verhaftete man einen angeblich bewaffneten Räuber, der versucht hatte, seinen Privatwagen während der Fahrt von Kansas City nach St. Louis anzuhalten. Als Adolphus erfuhr, es handle sich in Wirklichkeit um einen arbeits- und mittellosen jungen Mann, der nur seine kranke Mutter besuchen wollte, setzte er sich sofort für dessen Freilassung ein.

Im Jahr nach seinem Tod wurde am 27. Mai 1914 im „Compton Hill Reservoir Park" in St. Louis ein Denkmal enthüllt, für das er zu Lebzeiten 20.000 US-Dollar der Gesamtkosten von 31.000 US-Dollar gespendet hatte. Dabei handelt es sich um das

*Bronzenes Denkmal „The Naked Truth" („Die nackte Wahrheit")*
*des deutschen Bildhauers Wilhelm Wandschneider (1866–1942)*
*im „Compton Hill Reservoir Park" in St. Louis.*
*Adolphus Busch spendete 20.000 US-Dollar der Gesamtkosten*
*von 31.000 US-Dollar, obwohl ihm das Kunstwerk nicht behagte.*
*Foto: Millbrooky / CC-BY3.0 (via Wikimedia Commons),*
*lizesiert unter CreativeCommons-Lizenz by-3.0-de,*
*https://creativecommons.org/licenses/by/3.0/legalcode*

bronzene Denkmal „The Naked Truth" („Die nackte Wahrheit"). Es ist drei verdienten ehemaligen Chefredakteuren der deutschsprachigen Zeitung „Westliche Post" in St. Louis gewidmet: Carl Schurz (1829–1906), Emil Preetorius (1827–1905) und Carl Daenzer (1820–1906). Geschaffen wurde das Denkmal, das wegen der als nackte Frau mit zwei Fackeln dargestellten Wahrheit sehr umstritten war, von dem aus Plau am See stammenden deutschen Bildhauer Wilhelm Wandschneider (1866–1942). Diese Figur erhielt den Preis für das „beste Kunstwerk des Jahres 1914".

*Adolphus Busch im reiferen Alter.*
*Foto: Undatierte Aufnahme eines unbekannten Fotografen*

*Adolphus Busch und Ehefrau „Lilly"*
*bei einer Kutschenfahrt am 28. März 1910.*
*Foto: Missouri History Society, St. Louis, Identifier: N38670,*
*http://collections.mohistory.org/resource/141152*

# Krankheit, Tod und Beerdigung

An Heiligabend 1907 wartete der 68-jährige Adolphus Busch I in St. Louis auf die Ankunft eines Zuges, mit dem seine 23 Jahre alte Tochter Wilhelma zu ihm fuhr. Dabei zog er sich eine folgenschwere Erkältung zu, die seine Gesundheit für den Rest seines Lebens beeinträchtigte. Die Lungenentzündung klang zwar langsam ab, aber ihr folgte eine chronische Wassersucht. Adolphus war fortan krank und brauchte ständig einen Arzt. Kuraufenthalte brachten nur vorübergehende Linderung seiner Beschwerden.

Als „ewiger Optimist" glaubte Adolphus Busch, seine ihn behandelnden Ärzte alle zu überleben. Zumindest bei Dr. Bernays und Dr. Luedeking traf dies zu. Angeblich ging bei jedem dieser beiden Todesfälle zuvor eine Lampe der beleuchteten Toreinfahrt der Villa „Number One Busch Place" in St. Louis aus. Weitere ärztliche Betreuer waren Dr. Mattison in Pasadena (Florida), Dr. Fischer, ein amerikanischer Schulfreund des zeitweiligen Firmenanwalts Nagel, und Dr. Pfeifer aus Langenschwalbach. Auf einem 1912 in Argenthal im Hunsrück entstandenen Foto sind Dr. Pfeifer aus Langenschwalbach und August Anheuser aus Kreuznach stehend sowie zwischen ihnen Adolphus sitzend zu sehen. Vor ihnen liegen drei erlegte kapitale Hirsche.

Einem Artikel der Zeitung „St. Louis Post-Dispatch" vom 19. Oktober 1912 ist zu entnehmen, dass sich Adolphus Busch in jenem Jahr in Deutschland zeitweise in einer sehr kritischen Verfassung befand. Aus diesem Grund bestellte man seinen Sohn August I aus St. Louis an sein Krankenbett in der „Villa Lilly" bei Lindschied im Taunus, weil man das Schlimmste befürchtete.

*Großherzog Ernst Ludwig von Hessen
und bei Rhein (1868–1937) auf einem Foto von 1905.
Foto: Jacob Hilsdorf (1872–1916) ,
(via Wikimedia Commons),
Lizenz: gemeinfrei (Public domain)*

Mitte Mai 1913 musste Adolphus Busch nach der Ankunft mit dem Zug aus Pasadena (Florida) in St. Louis (Missouri) in einen Rollstuhl gesetzt werden. Wie gewohnt, hielt er sich auch 1913 im Frühjahr in seinem Familiensitz „Number One Busch Place" in St. Louis auf. Um seine angeschlagene Gesundheit stand es damals wieder sehr schlecht. Ohne Hilfe anderer konnte er nicht mehr stehen oder gehen. Im Speisesaal seiner Villa hatte man inzwischen einen Aufzug installiert, weil Adolphus die Treppe nicht mehr benutzen konnte. An sonnigen Tagen im Mai und Anfang Juni fuhr er in einer Kutsche über das Firmengelände der riesigen Brauerei in St. Louis. Dabei hatte er zwar einen schwachen Körper, aber einen wachen Geist und grüßte Arbeiter mit ihrem Namen.

Als die Familie Busch am 4. Juni 1913 zur Hochzeit von Lilly Magnus, der Lieblings-Enkelin von Adolphus, nach Chicago reiste, blieb der kranke 73-Jährige zuhause. Eine amerikanische Zeitung berichtete, Adolphus habe seiner Enkelin Lilly großzügigerweise einen Scheck über eine Million US-Dollar zur Hochzeit geschenkt. Am 9. Juni 1913 reisten Adolphus und die restliche Familie Busch von New York per Schiff nach Europa. Was keiner ahnte: Es war die letzte Reise von Adolphus in sein geliebtes Vaterland. Freunde, die ihn in der Sommerresidenz „Villa Lilly" bei Lindschied im Taunus besuchten, erzählten später, der kränkliche Adolphus sei jeden Tag in seiner Kutsche durch den Wald gefahren. Seine Frau „Lilly" habe ihn liebevoll gepflegt.

Am 20. September 1913 zeichnete Großherzog Ernst Ludwig von Hessen und bei Rhein (1868–1937) Adolphus Busch in Mainz mit dem „Komturkreuz am Band Erster Klasse des Verdienstordens Philipps des Großmütigen" aus. Ernst Ludwig war der letzte Großherzog von Hessen-Darmstadt.

In den letzten Tagen von Adolphus Busch starb sein mit ihm befreundeter deutscher Geschäftspartner Rudolf Diesel. Der Erfinder verschwand am 29. September 1913 während der Überfahrt von Antwerpen (Belgien) nach Harwich (England) unter mysteriösen Umständen vom Fährschiff „Dresden". Man barg seine Leiche am 10. Oktober 1913, dem Todestag von Busch, im Ärmelkanal. Diesel und Busch haben Ende 1913 den Bau einer Dieselmotoren-Fabrik für eine Million US-Dollar nahe der Brauerei „Anheuser-Busch" in St. Louis nicht mehr erlebt.

Anfang Oktober 1913 ging es Adolphus Busch gesundheitlich besonders schlecht. Ungeachtet dessen bestand er darauf, an einer Jagd auf Hirsche teilzunehmen, selbst wenn er dabei getragen werden musste. Am 4. Oktober transportierte man ihn zu einer Jagdhütte, doch er brach die Hirschjagd ab, weil er sich weiterhin nicht wohl fühlte. Vier Tage später kam er am 8. Oktober in der „Villa Lilly" an. Nachdem Ärzte Flüssigkeit aus den Lungen von Adolphus entfernt hatten, schien es so, als ob sich der schlechte Zustand des Patienten verbessert hätte. Adolphus hoffte sogar, er könne zur abge-brochenen Hirschjagd zurückkehren. Was er nicht ahnte: Er hatte seinen letzten Hirsch geschossen.

Ohne den todkranken Adolphus Busch fand damals in St. Louis eine neuntägige Festwoche anlässlich der Befreiung Deutschlands von Napoléon Bonaparte statt. Für diese Feier namens „German-Day" („Deutscher Tag") hatte man Adolphus zum Ehrenpräsidenten ernannt. In der Festwoche erinnerte man an die vor 100 Jahren erfolgte „Völkerschlacht von Leipzig" vom 16. bis 19. Oktober 1803, bei der Russland, Preußen, Österreich und Schweden die französischen Truppen von Napoléon Bonaparte besiegt hatten.

Während der letzten Stunden von Adolphus Busch in der „Villa Lilly" waren seine Ehefrau „Lilly", seine Töchter Clara und Wilhelmina („Minnie"), seine Schwiegersöhne Paul von Gontard und Eduard Scharrer, seine Adoptivtochter Gustava sowie sein alter Freund Carl Conrad bei ihm.

Am Freitag, 10. Oktober, scherzte der „Prinz" mit Familienmitgliedern, rauchte eine Zigarre und befasste sich mit 15 Briefen, die auf seinem Schreibtisch aufgestapelt waren. Doch nachmittags wurde er schwach, hatte aber keinerlei Schmerzen und dachte nicht, dass sein Tod nahe sei. Abends um 8.15 Uhr starb Adolphus Busch im Alter von 74 Jahren friedlich im Schlaf. Er hatte seit 1907 an Wassersucht gelitten. Seinen Tod führte man auf eine Herzkrankheit zurück. Viele Jahre später hieß es, Adolphus könne einer Leberzirrhose erlegen sein. Als häufigste Ursachen einer Leberzirrhose gelten Alkoholmissbrauch, eine Fettleber oder chronische Virushepatitis.

Die Nachricht über das überraaschende Ableben von Adolphus Busch in der „Villa Lilly" bei Lindschied kam per Kabeltelegramm nach St. Louis. Der Sohn August senior teilte seinem Sohn Adolphus III mit: „Father passed away peaceful at 8.15". Wegen des Zeitunterschiedes zwischen Deutschland und den USA traf die Todesnachricht kurz nach 5 Uhr nachmittags ein.

Der Sohn August senior war am 8. Oktober 1913 zur „Villa Lilly" gekommen. Eigentlich hatte er ab August einige Wochen mit seinem Vater in der Sommerresidenz verbringen und dann mit ihm zurück in die USA reisen wollen. Aber eine Blinddarmentzündung seiner Tochter Claire Hazel Orthwein (1895–1957), die sich im Sommer auf der familieneigenen Hopfenfarm bei Cooperstown im US-Bundesstaat New York aufhielt, verzögerte die Reise nach Deutschland.

*„St. Louis Globe-Democrat"*
*vom 11. Oktober 1913*

*Clara Hazel Orthwein*
*(1895–1957),*
*Tochter von August senior.*
*Foto: Takuma Kajiwara*
*(via Wikimeia Comons),*
*Lizenz: gemeinfrei*
*(Public domain)*

# LOUIS REPUBLIC.

**FOREMOST DEMOCRATIC NEWSPAPER.**

**MORNING, OCTOBER 11, 1913.** ✦ PRICE

## ADOLPHUS BUSCH DIES ABROAD;
## WIFE AND SON AT HIS BEDSIDE

News Is Shock as Family Had Kept
Secret Real Condition—Meets
End in Germany.

### BEGINNING OF LAST STRUGGLE
### WAS OBSERVED HERE LAST MAY

Richest of All Brewers, Founder of World
Famous Beer, Noted as Public-
Spirited Citizen.

*„St. Louis Republic"*
*vom 11. Oktober 1913*

## Boy Who Started in Life With Small Allowance
### Became Genius of Brewery Known the World Over

Adolphus Busch was born on Mayence-on-the-Rhine, Germany, July 10, 1842. He was the son of Ulrich and Barbara (Pfeifer) Busch. He was educated at the gymnasium at Mayence, the academy at Darmstadt and high schools at Brussels.

Supported on a small allowance his father gave him when he braved the world to carve his own future, he set out upon the task with all the calm determination that characterized his life and builded monuments to his earnest endeavor.

His career in St. Louis began when he | Mr. Busch was built. Two stenographers
___ ___ in a malt and hop | remained there constantly. One took

*„St. Louis Republic"*
*vom 11. Oktober 1913*

*„Kronprinz Wilhelm", einer der repräsentativsten*
*und schnellsten Dampfer der „Norddeutschen Lloyd" („NDL").*
*Mit diesem Schiff wurde im Oktober 1913 der Sarg*
*mit dem Leichnam von Adolphus Busch in die USA gebracht.*
*Foto: Ansichtkarte von Alb. Rosenthal, Bremen*
*(via Wikimedia Commons), Lizenz: gemeinfrei (Public domain)*

*„New York Times"*
*vom 11. Oktober 1913*
*mit der Nachricht*
*über den Tod*
*von Adolphus Busch*

## ADOLPHUS BUSCH
## DIES IN PRUSSIA

St. Louis's Millionaire Brewer
Suffered from Dropsy for
Seven Years.

GAVE $350,000 TO HARVARD

His Golden Wedding in 1911 Notable
for Rare Gifts—Owned Castle
on the Rhine.

Die „New York Times" berichtete am 11. Oktober 1913 über den Trauerfall unter der Überschrift: „Adolphus Busch dies in Prussia. St. Louis's Millionaire Brewer Suffered from Drops for Seven Years. Gave $ 350.000 to Harvard". Das Qualitätsblatt schrieb fälschlicherweise: „Mr. Busch was born in Mayence-on-the-Rhine, July 10. 1842". Nicht richtig war auch, dass er einer von 21 Brüdern gewesen sei, 14 Monate bei der „Federal Army" gedient habe und auf einer Burg am Rhein gestorben sei. Amerikanische Zeitungen bezeichneten damals öfter irrtümlich die „Villa Lilly" als Burg oder Schloss am Rhein. Die Zeitung „St. Louis Post-Dispatch" beklagte, durch den Tod von Busch habe die Welt ein einzigartiges Beispiel für erfolgreiches Unternehmertum, gepaart mit hoher Integrität, verloren. Längere ausführliche Berichte erschienen auch im „St. Louis Globe-Democrat", in „Westliche Post/Mississippi-Blätter", „St. Louis Times" und „Western Brewer".
Tagelang informierte die Zeitung „St. Louis Republic" auf der Titelseite ausführlich über den Trauerfall Adolphus Busch. Am 13. Oktober 1913 berichtete dieses Blatt noch, der Verstorbene würde mit dem deutschen Schiff „Kronprinzessin Cecelie" nach Amerika gebracht, dort am 28. Oktober 1913 in Hoboken bei New York eintreffen und zwei Tage später in St. Louis beerdigt. Doch dann erfolgte der Transport mit dem deutschen Schiff „Kronprinz Wilhelm" einige Tage früher.
Mitte Oktober 1913 transportierte man den Sarg mit dem einbalsamierten Leichnam von Adolphus im privaten Eisenbahnwagen nach Bremerhaven. In Langenschwalbach und umliegenden Orten verabschiedete man zuvor den Verstorbenen wie einen König. Einem unbewiesenen Gerücht zufolge soll Adolphus verfügt haben, sein Herz auf dem Areal der „Villy Lilly" bei Lindschied begraben zu lassen. 2017 wurde

## JUST AT END BUSCH RECOGNIZED WIFE

### For Five Hours Had Suffered Considerably, but Final Passing Was Peaceful.

WIESBADEN, Germany, Oct. 13. — The body of Adolphus Busch was embalmed yesterday and arrangements made for the services, which will be held here before the funeral party departs for St. Louis.

The body will lie in the home he loved so well until October 21, when it will be borne to the North German-Lloyd steamship Kronprinzessin Cecelie at Bremen.

The ship will depart for New York that day, arriving in Hoboken Octo-

„*St. Louis Republic*“
*vom 13. Oktober 1913*

## SHIP WITH BUSCH BODY SAILS FOR U. S.

### All Classes Expected to Join in Movement for Memorial to Philanthropit.

BREMER HAVEN, Germany, Oct. 14. —The body of Adolphus Busch was taken to America to-day by members of his family on the Kron Prinz Wilhelm, which sailed at 8 o'clock this morning for New York.

Accompanying the body were August A. Busch, his son; Mrs. Busch and other members of the family. The Kron Prinz Wilhelm is due in New York Oc-

„*St. Louis Republic*“
*vom 15. Oktober 1913*

# BUSCHES WITH BODY ON SPECIAL TRAIN TO ARRIVE TO-NIGHT

## Widow of Brewer Bears Up Well as Party Leaves Vessel at New York.

## IMPERAL GERMAN ARMS IN FLOWERS ON CASKET

## Kaiser to Be Represented at Funeral Saturday by Attache of Washington Embassy.

*„St. Louis Republic"*
*vom 22. Oktober 1913*

# BUSCH BURIAL PLANS STILL INCOMPLETE

## Funeral Will Be Held To-Morrow and Nagel and Bartholdt Will Speak.

## 4,000 EMPLOYES MAY MARCH

## Body Will Be Placed in Bellefontaine Cemetery After Services at Family Mansion.

Adolphus Busch will be buried in Bellefontaine Cemetery to-morrow afternoon, with what is expected to be the most impressive funeral ceremony ever held in St. Louis, and at which, if tentative plans are carried out, 4,000 employes of the late brewer will march from the residence to the cemetery.

*„St. Louis Republic"*
*vom 24. Oktober 1913*

# 10,000 PAY HONORS TO BUSCH AT HOME ON EVE OF FUNERAL

## Services To-Day in 35 Other Cities Coincident With Last Ceremonies in St. Louis.

## LEADER OF SYMPHONY IN CHARGE OF THE MUSIC

## Procession in Brewery Will Merge With Main Cortège Before Start for Bellefontaine.

Final tribute to Adolphus Busch was paid yesterday and last night by more than 10,000 men and women who filed past the casket as it lay in state in the Busch residence at 1 Busch place.

To accommodate the throng it was arranged to keep the house open until far in the night, allowing all who wished to look their last upon the face of the dead brewer.

The crowd, the greater percentage of which was women, lined Pestalozzi street two abreast for two blocks

*„St. Louis Republic"*
*vom 25. Oktober 1913*

# BUSCH BODY MOVES THRO' SILENT THRONG TO RESTING PLACE

## Burial Takes Place After Remains Are Taken Over Great Industry He Created.

## GIANT TRUCKS SMOTHER MANSION WITH FLOWERS

## Crowds View Casket Until Noon at Request of Brewer's Widow.

The body of Adolphus Busch was laid to rest in Bellefontaine Cemetery yesterday afternoon just as the sun was creating a parting glow in the Western skies.

From the time the funeral cortege left the Busch home in Busch place

*„St. Louis Republic"*
*vom 26. Oktober 1913*

in einem Artikel des „Wiesbadener Tagblatt" über die „Villa Lilly" erwähnt, ein Pilzsammler habe auf einer Anhöhe im Wald zwei große Platten und eine Stele aus Marmor entdeckt. Der interviewte Sozialpädagoge, Gestaltungs- und Psychotherapeut Michael Schwind spekulierte, dort könnte das Herz von Adolphus bestattet worden sein.

In Bremerhaven ging am 14. Oktober 1913 die Reise für den Sarg mit dem Leichnam von Adolphus Busch weiter. Um 8 Uhr morgens legte dort das deutsche Schiff „Kronprinz Wilhelm" ab und fuhr über den Atlantik zum Hafen von Hoboken gegenüber New York. Am Zielhafen traf man am 21. Oktober 1913 um 3 Uhr nachmittags ein. Der Sarg mit dem Leichnam befand sich im „Gold Room" des Schiffes, den man mit Farnen und Palmen wie eine Trauerkapelle dekorierte. Am oberen Ende des Sarges befand sich prächtiger Blumenschmuck, den der deutsche Kaiser Wilhelm II. und Großherzog Ernst Ludwig von Hessen-Darmstadt geschickt hatten. Später entlud man den Sarg mit dem Leichnam und brachte ihn mit einem Leichenwagen nach Jersey City, wo die Fahrt mit dem Zug weiterging. Als der von drei Lokomotiven gezogene Zug mit dem Sarg von Adolphus um 9.20 Uhr abends in St. Louis ankam, regnete es in Strömen, so als ob der Himmel weinen würde. Zehn Mitarbeiter der Brauerei „Anheuser-Busch" transportierten den Sarg mit ihrem verstorbenen Chef zur Villa „Number One Busch Place" in St. Louis.

Schätzungsweise 30.000 Menschen, darunter etwa 5.000 Mitarbeiter aus der Brauerei „Anheuser-Busch", erwiesen dem in seiner Villa im offenen Sarg aufgebahrten Adolphus Busch die letzte Ehre. Zuerst wurden nur Mitglieder der Familie Busch in das Trauerhaus eingelassen. Freunde sollten den Verstorbenen tags darauf zwischen 2 und 5 Uhr nachmittags zum

Foto oben:
Prinz Adalbert von Preußen
(1884–1948).
Foto: Julius Schaarwächter,
Library of Congress
Prints and Photographs Divsion,
Washington, D.C.,
Digital ID ggbain.07641

Foto unten:
Charles Nagel (1848–1940),
Anwalt, Politiker und Freund
von Adolphus Busch.
Foto: Julius Caesar Strauss
(1857–1924), St. Louis,
Library of Congress Prints
and Photographs Division,
Washington, D.C., Digital
ID cph.3b05933

letzten Mal sehen, Mitarbeiter aus der Brauerei einen Tag später von 10 Uhr bis zur Mittagszeit. Weil so viele Menschen kamen, ließ man das Trauerhaus auch nachts für Besucher offen.

Das Trauerhaus war reich mit Orchideen, Veilchen und Chrysanthemen geschmückt. Prinz Adalbert von Preußen (1884–1948), der Sohn des deutschen Kaisers Wilhelm II., der einst zu den Besuchern der „Villa Lilly" bei Lindschied im Taunus gehörte, hatte einen Myrtenkranz geschickt. Bedienstete der Familie Busch ließen auf den von ihnen gestifteten Kranz mit Rosen schreiben: „Our Beloved President". In allen Räumen bewachten Detektive die wertvollen Vasen und Figuren.

Charles Nagel (1848–1940), Anwalt, Politiker und Freund von Adolphus Busch, würdigte den Verstorbenen in einer Rede. Nagel war von März 1909 bis März 1913 Handels- und Arbeitsminister („Secretary of Commerce and Labor") in der Regierung des 27. US-Präsidenten William Howard Taft gewesen. Während der Trauerfeier in der Villa spielte das „St. Louis Symphony Orchestra" die von Adolphus zu Lebzeiten gern gehörten Musikstücke „Kamennoi-Ostrow" von Rubinstein, „Andante Cantabile" von Tschaikowsky und „Aase's Tod" aus „Peer Gynt" von Grieg.

Bei der trauernden Familie Busch in St. Louis gingen unzählige Kondolenzschreiben bedeutender Persönlichkeiten ein, die den Tod von Adolphus bedauerten und ihn würdigten. Der „Board of Governors" der Börse „St. Louis Stock Exchange" beispielsweise kondolierte mit den Worten: „His courage energy and honesty were an example and an inspiration to the business man of St. Louis. His ability and enterprise were a source of strength and growth to the business life of his community. He was always ready to give his moral and financial support to every plan, civic or commercial, that would aid to the city's worth".

Das Begräbnis von Adolphus Busch am 25. Oktober 1913 in St. Louis gilt als eines der berühmtesten des 20. Jahrhunderts. Die Witwe „Lilly" hatte sich eigentlich eine bescheidene private Beerdigung ihres Gatten gewünscht, aber ihr Sohn August I und ihr Schwiegersohn Edward A. Faust meinten, man könne dies nicht machen.

Für die vielen auswärtigen Trauergäste reservierte man hundert Räume im „Planters Hotel" und „Jefferson Hotel" in St. Louis. Um alle Blumen-Arrangements im Wert von rund 100.000 US-Dollar vom Trauerhaus „Number One Busch Place" zur Beerdigung auf dem Friedhof „Bellefontaine Cemetery" bringen zu können, mussten 25 Lastwagen-Ladungen transportiert werden. Lokale Floristen waren kilometerweit ausverkauft. Neben unzähligen Blumen hatten Trauernde auch  Miniaturbrauereien, Flaschen, Bahngleise, Modelle des Eisenbahn-Salonwagens „Adolphus", Pferdeköpfe, Soldaten, gebrochene Säulen, einen riesengroßen Direktoren-sessel und zwei Leuchttürme mit Uhr, zwischen denen ein Ozeanriese versank, gebracht.

200 bis 250 Musiker des „Aschenbrödel-Vereins" aus St. Louis führten den etwa drei Meilen (fast fünf Kilometer) langen Trauerzug von der Villa zum Friedhof an. An der Brauerei „Anheuser-Busch" machte man Halt, damit altgediente Mitarbeiter ihren verstorbenen Chef symbolträchtig innerhalb der Mauern des Unternehmens umhertragen konnten. Ungefähr 5.000 Mitarbeiter der Brauerei in St. Louis marschierten hinter dem Truck mit dem Sarg und dem Leichnam. Im Trauerzug fuhren ca. 250 Autos mit. Schätzungsweise 100.000 Trauernde standen am Straßenrand.

Zu Lebzeiten hatte sich Adolphus Busch wenig um Religion gekümmert. Er war in seinem Geburtsort Kastel im Gotteshaus „St. Georg" römisch-katholisch getauft worden, hatte in St. Louis seine „Lilly" in einer evangelischen Kirche in einer lutherischen Zeremonie geheiratet und wurde nun mit der Hilfe von Reverend John William Day (1861–1936) von der „Unitarian Church of the Messiah" in St. Louis zu Grabe getragen. Zu Beginn der Bestattung ab 2 Uhr nachmittags gab es fünf Gedenkminuten, die Bürgermeister Henry W. Kiel (1871–1948) angeordnet hatte. In Hotels von St. Louis schaltete man die Lichter aus und die Straßenbahn hielt an. Während der Beisetzung in St. Louis fanden gleichzeitig in 35 weiteren amerikanischen Städten, in denen die Brauerei „Anheuser-Busch" Niederlassungen hatte, Trauerzeremonien statt. Im Hotel „Adolphus" in Dallas lauschten 300 Menschen im „Palm Room" derselben Trauermusik wie in St. Louis.

Am Grab hielt der in Thüringen geborene deutsch-amerikanische Kongressabgeordnete Richard Bartholdt (1855–1932) eine Rede in deutscher Sprache. Er vertrat von 1893 bis 1915 den Bundesstaat Missouri im US-Repräsentantenhaus in Washington. Bartholdt verwendete in seiner Rede auch einige englische Worte, als er seinen Freund Adolphus würdigte. Er sagte: „He was the high priest of the square deal, not with words, aber with deeds". Reverend John William Day sprach Tröstendes für die Hinterbliebenen. Der deutsche Kaiser Wilhelm II. sandte den Attachee Friedherr von Leraner aus der „Deutschen Botschaft" in Washington als seinen persönlichen Vertreter zur Beerdigung Leraner legte einen Kranz mit deutschem Wappen nieder.

Die Eltern der Witwe „Lilly" hatten auf dem Friedhof „Bellefontaine Cemetery" in St. Louis für ihre Familie ein

Deutsch-amerikanischer Kongressabgeordneter
Richard Bartholdt (1855–1932).
Foto: Bundesarchiv, Bild 137-25348 / CC-BY-SA3.0
(via Wikimedia Commons), lizensiert unter
CreativeCommons-Lizenz by-sa-3.0-de,
https://creativecommons.org/licenses/by-sa/3.0/de/legalcode

Mausoleum erbauen lassen, in dem man Adolphus Busch zunächst bestattete. Doch „Lilly" wollte, dass ihr verstorbener Ehemann eine imposantere Grabstätte bekam. Sie ließ das ursprüngliche Mausoleum abreißen und von der renommierten Firma „Barnett, Haynes & Barnett" aus St. Louis für 250.000 US-Dollar (heute etwa 2,7 Millionen US-Dollar) ein prächtigeres Bauwerk im bayerischen Gotikstil errichten. Das 1915 vollendete Mausoleum war so stabil konstruiert, dass es nach Einschätzung des „U. S. Testing Bureau" bis zum Jahr 9922 halten sollte. Im neuen Mausoleum fand Adolphus bis zum Tod von „Lilly" allein seine letzte Ruhe. Eberhard Anheuser, der Schwiegervater von Adolphus, seine Ehefrau Marie Dorothee Franziska und andere Mitglieder der Familie Anheuser wurden vor dem neuen Mausoleum bestattet.

Peinlicherweise meißelte man auf ein Schild über dem Eingang des Mausoleums die fehlerhafte Inschrift „BUSCH 1838–1913" ein. Das korrekte Geburtsjahr von Adolphus ist 1839. Darunter stehen in drei Zeilen die lateinischen Worte „Veni Vidi Vici" (deutsch: „Ich kam, ich sah, ich siegte". Diesen Satz soll Julius Caesar (100 v. Chr.–44 v. Chr.) in einem Brief an seinen Freund Gaius Matius nach der Schlacht bei Zela geschrieben haben. Seine Veteranen hatten am 21. Mai 47 v. Chr. in nur vier Stunden den Sieg über die Truppen von Pharnakes II. von Pontius errungen. Beim Triumphzug über Pontius hat man angeblich einen Schild mit jenen drei Worten mitgeführt.

Adolphus Busch hinterließ ein Vermögen von etwa 60 Millionen US-Dollar. Diese Summe entspricht heute etwa 1,45 Milliarden US-Dollar. Es heißt, als der Firmenpatriarch 1913 gestorben sei, sei er so reich wie die Rockefellers, Vanderbilts oder Fords gewesen. Adolphus hat seinen Sohn August I, seine Ehefrau „Lilly" und seinen Rechtanwalt Charles Nagel als

*Mausoleum von Adolphus Busch auf dem Friedhof*
*„Bellefontaine Cemetery" in St. Louis,*
*erbaut von der Firma „Barnett, Haynes & Barnett".*
*Foto: Viking55 / CC-BY-SA3.0 (via Wikimedia Commons),*
*lizensiert unter CreativeCommons-Lizenz by-sa-3.0-en*
*https://creativecommons.org/licenses/by-sa/3.0/legalcode*

*Obere Eingangs-Partie des Mausoleum von Adolphus Busch*
*auf dem Friedhof „Bellefontaine Cemetery" in St. Louis.*
*Auf dem Schild in der Bildmitte ist die fehlerhafte Inschrift*
*„BUSCH 1838–1913" angebracht. Darunter stehen in drei Zeilen*
*die lateinischen Worte „Veni Vidi Vici" („Ich kam, ich sah, ich siegte".*
*Foto: Rick Mester / CC-BY-ND2.0 (Flickr),*
*lizensiert unter CreativeCommons-Lizenz by-nd-2.0,*
*https://creativecommons.org/licenses/by-nd/2.0/legalcode*

Treuhänder bestimmt. Vom Nachlass bekam der Sohn August I zwei Anteile. Zudem hatte er fortan in der „Anheuser-Busch Brewing Association", „Manufacturers' Railroad", „Busch-Sulzer Brothers Diesel Engine Company" und den „Bottling Companys" das Sagen. „Lilly" und die fünf Töchter Nellie, Edmée, Anna Louise, Clara und Wilhelmina („Minnie") erhielten je einen Anteil. Falls der ungeliebte Schwiegersohn Eduard („Eddie") August Scharrer (1880–1932) seine Frau Wilhelmina überlebte, sollte er leer ausgehen. 210.000 US-Dollar gingen an Wohlfahrtseinrichtungen. Über je 10.000 US-Dollar, die zwei Jahresgehältern entsprachen, konnten sich die langjährigen Privatsekretärinnen Alvina Clementine Berg und Anna Schumann freuen.

Der Sohn August I hatte vor dem Tod seines Vaters in der Villa „Number Two Busch Place" in St. Louis gewohnt. Eigentlich hätte August I nun in die etwas größere Villa „Number One Busch Place" seines verstorbenen Vaters wechseln können, so wie es dieser nach dem Tod seines Schwiegervaters Eberhard Anheuser getan hatte. Doch August I wählte 1912 „Grant's Farm" bei St. Louis als Wohnsitz. Die in Sichtweite befindlichen rund 70 Meter hohen Schornsteine der Brauerei „Anheuser-Busch" ließen die Villa seiner Eltern vielleicht weniger attraktiv erscheinen.

Wie überall und zu allen Zeiten in der Welt gab es auch in den USA etliche Menschen, welche die großen Leistungen einer verdienstvollen Persönlichkeit nicht würdigen wollten. Als der deutsch-amerikanische Physiker Hugo Max von Starkloff (1834–1934) in St. Louis eine Spendenaktion für ein Denkmal zu Ehren des Philanthropen und Patrons von Kunst und Bildung, Adolphus Busch, startete, stieß sein Vorschlag auf starken Widerstand. Eine kirchliche Gruppe protestierte erfolgreich dagegen mit dem Argument, dies sei ein Denkmal für den Alkoholkonsum. Nachdem die Grabrede des Anwalts Charles Nagel in den „Congress Record" gedruckt wurde, regte sich ein Proteststurm der „Women's Christian Temperance Union" („WCTU"). Die „WCTU" verhinderte auch, dass nach Adolphus eine Schule benannt wurde. Damit würde das Geschäft mit Alkohol verherrlicht.

*Familie von August senior (August I) von links nach rechts:*
*Sohn August junior („Gussie junior"), Ehefrau Alice, Töchter Alice,*
*Maria und Clara sowie Sohn Adolphus III.*
*Foto: Missouri Historical Society, St. Louis, Identifier: N11639,*
*http://collections.mohistory.org/resource/141135*

# Zwischen den Fronten

Den Ausbruch des „Ersten Weltkrieges" im August 1914 erlebte „Lilly" Busch in der „Villa Lilly" bei Lindschied im Taunus. Damals verbrachte ihr 49-jähriger Sohn August senior (August I) mit seiner Frau Alice sowie den Kindern Marie, Clara, Alice und „Gussie junior" in der deutschen Sommerresidenz einen Urlaub. Weniger als 300 Kilometer westlich war Kriegsgebiet.

Ende September 1914 floh August I mit seiner Familie per Schiff von Amsterdam nach New York. Das Schiff war so überfüllt, dass der Kapitän der Familie Busch sein Quartier überließ und auf dem Flur schlief. August I glaubte damals irrigerweise, der Krieg würde bereits nach drei Wochen oder spätestens vor Weihnachten beendet sein.

Der tatsächlich mehr als vier Jahre dauernde „Erste Weltkrieg" (1914–1918) war für „Lilly" Busch und ihre Familie eine sehr schwierige Zeit. Als deutschstämmige Amerikaner befanden sie sich zwischen den Fronten. Sie und ihre Freunde in den USA ergriffen wie viele Deutsch-Amerikaner offen Partei für den deutschen Kaiser. August I veranstaltete am 27. Januar 1915 anlässlich des Geburtstages von Wilhelm II. ein Dinner auf „Grant's Farm" bei St. Louis und prostete: „Here's to the Kaiser!" Nach dem ersten Einsatz von Gas im April 1915 und der Versenkung des britischen Schiffes „Lusitania" im Mai 1915, bei der 128 Amerikaner starben, wuchs die anti-deutsche Stimmung in den USA.

Große Sympathien für den Kaiser hatten auch die mit Deutschen verheirateten Töchter Clara von Gontard und Wilhelmina („Minnie") Scharrer. Clara diente bald nach ihrer Hochzeit der Kaiserin Augusta Viktoria als Hofdame. Ihr

*Witwe „Lilly" Busch mit Schwiegersohn Eduard August Scharrer*
*und Tochter Wilhelma („Minnie")*
*Foto: Undatierte Aufnahme eines unbekannten Fotografen*

Ehemann Baron Paul von Gontard war damals gutbezahlter Generaldirektor der „Deutsche Waffen- und Munitionsfabriken AG" („DWM"). Der verschwenderische und untreue Gatte Eduard („Eddie") Scharrer von „Minnie" galt 1914 mit einem Vermögen von 20 Millionen Mark und einem Jahreseinkommen von drei Millionen Mark als der achtreichste Millionär im kaiserlichen Deutschland.

Die Witwe „Lilly" Busch lebte nach der prunkvollen Bestattung ihres Gatten Adolphus im Oktober 1913 in St. Louis zunächst in der „Villa Lilly" bei Lindschied im Taunus. Im Frühjahr 1915 wohnte sie zusammen mit ihren Töchtern Clara und Wilhelmina, deren Ehemänner anderweitig benötigt wurden, in der „Pfauenvilla" in Bernried am Starnberger See. Dort hatte „Minnie" in ihrem Wohnsitz zusammen mit Clara ein Lazarett eingerichtet, in dem sie verwundete deutsche Soldaten pflegten. „Lilly" folgte dem Zureden ihrer Tochter „Minnie" und blieb bei ihr in der „Pfauenvilla". US-Zeitungen mokierten sich später darüber, „Lilly" habe bei der Betreuuung von 65 bis 75 verwundeten deutschen Soldaten geholfen. Der „Los Angeles Herald" beispielsweise veröffentlichte am 26. Januar 1917 die Meldung „Mrs. Busch Aids in War Hospital". Darin hieß es, die 70 Jahre alte „Lilly" Busch leite ein Hospital für verwundete deutsche Soldaten nahe München, was nicht zutraf. In einem Brief schrieb „Lilly", ihr Platz wäre in Europa, solange der Krieg dauere. Wenn es Frieden gäbe, käme sie zurück nach Pasadena in Kalifornien.

Die Brauerei „Anheuser-Busch" schickte der Witwe „Lilly" Busch weiterhin regelmäßig Geld. Zwischen dem 15. September 1914 und dem 23. März 1917 erhielt sie insgesamt 293.883,77 US-Dollar. Damals liefen die Geschäfte nicht mehr so gut wie früher. 1913 nahm „Anheuser-Busch" noch 17,4

*Alexander Mitchell Palmer (1872–1936),*
*Chef des „Office of Alien Property Custodian".*
*Foto: Harris & Ewing Collection,*
*Library of Congress Prints and Photographs Division,*
*Washington, D.C., Digital ID cph.3a37242*

Millionen US-Dollar ein, 1914 waren es lediglich 14,9 Millionen US-Dollar. 1914 gab es in fünf US-Bundesstaaten mehr – nämlich Arizona, Colorado, Oregon, Virginia und Washington – ein Alkoholverbot. Außerdem boykottierten Kanadier und Australier die Marke „Budweiser" wegen des deutschen Namens und deutschsprachigen Etiketts. Schnell bekam „Budweiser" in Kanada und Australien ein englischsprachiges Etikett. Zudem fügte man dem Etikett eine amerikanische Flagge hinzu. Bedrohlich wurde die Lage für „Lilly" Busch, nachdem die USA am 6. April 1917 unter der Führung von US-Präsident Woodrow Wilson (1856–1924) in den „Ersten Weltkrieg" eintraten und am 12. Oktober 1917 das „Office of Alien Property Custodian" errichteten. Alexander Mitchell Palmer (1872–1936), der Chef dieses „Office", durfte Gesetze gegen den Handel mit dem Feind durchsetzen und das gesamte Vermögen Amerikas, das sich im Besitz des Feindes befand, konfiszieren. Innerhalb nur eines Monats nach seiner Ernennung kontrollierte Palmer Trusts im Wert von mehr als 500 Millionen US-Dollar. Zu den Liegenschaften unter seiner Verwaltung gehörte auch der Nachlass von „Lilly" Busch. Anfang November 1917 sprachen die Anwälte Charles Nagel und Harry B. Hawes aus St. Louis im Büro von Palmer vor, um das Vermögen von „Lilly" Busch zu schützen. Palmer erklärte ihnen, „Lilly" solle in ein neutrales Land oder in die USA reisen, um zu verhindern, dass ihr Eigentum konfisziert werde. Angesichts der Bedrohung, „Lilly" und sie können Millionen von US-Dollar verlieren, planten die in den USA lebenden Busch-Kinder, ihre Mutter solle das kriegführende Deutschland verlassen.

Am 14. Januar 1918 fuhr „Lilly" Busch mit einem Schiff vom deutschen Konstanz über den Bodensee zum schweizerischen

*Deutscher Kaiser Wilhelm II. (1859–1941).*
*Foto: Cabinet Photographie, 1888*
*(via Wikimedia Commons),*
*Lizenz: gemeinfrei (Public domain)*

Romanshorn. Dort angekommen schritt die 73 Jahre alte Witwe mit federnden Schritten wie eine 20-Jährige von Bord. In der Schweiz wurde sie krank und mehr als sechs Wochen lang von einem Arzt behandelt. Unterdessen beschlagnahmte die deutsche Regierung die „Villa Lilly" bei Lindschied im Taunus. Daraufhin machte sich „Lilly" Sorgen, wer nun nach ihren Hühnern schauen würde. Den Vorschlag ihrer in Deutschland lebenden Töchter Clara und „Minnie", sie solle zur „Villa Lilly" zurückkehren, lehnte sie ab. Ihr Platz sei nun bei ihrem in den USA lebenden Sohn „Gussie senior".

In Begleitung ihres amerikanischen Anwaltes Harry B. Hawes und zwei schweizerischen Betreuerinnen startete „Lilly" Busch am 2. März 1918 in Zürich zur 6.500 Meilen langen Heimreise in die USA. Beim Zwischenstopp in Paris fielen Bomben auf das Hotel, in dem sie sich einquartiert hatte. In der französischen Grenzstadt Hendaye erkrankte „Lilly" erneut und musste eine zehntägige Ruhepause einlegen. Erst am 24. Mai 1918 konnte sie mit dem spanischen Schiff „Alphonse XIII" die Reise nach Havanna auf Kuba antreten. In Havanna dementierte der Anwalt Hawes vor Reportern, dass „Lilly" Deutschland eine Million US-Dollar für Kriegszwecke gespendet habe. Es sei auch nicht wahr, dass der deutsche Kaiser Wilhelm II. und Kronprinz Wilhelm die „Villa Lilly" bei Lindschied im Taunus besucht hätten.

Während der Weiterreise aus Havanna mit dem kleinen Dampfer „Mascotte" nach Kalifornien wurde bekannt, die US-Regierung habe alle Besitztümer von „Lilly", einschließlich der Winterresidenz „Ivy Wall" in Pasadena (Kalifornien) und der berühmten „Sunken Gardens", beschlagnahmt. Die Ankunft in Key West (Florida') im Juni 1918 verlief sehr unfreundlich. Erst erfolgte ein langes Verhör und dann die

„UNSER KRONPRINZ."

*Kronprinz Wilhelm (1882–1951)*
*als Bonner Preuße*
*auf einer Postkarte um 1900.*
*Foto: Jean Baptiste Feilner (gestorben 1912)*

Untersuchung der auf einem Bett liegenden „Lilly" durch einen männlichen Arzt, der auch ihre Vagina und Gebärmutter inspizierte. Nach 40-stündigem Arrest durfte sie endlich nach St. Louis weiterreisen. Erst im Dezember 1918 konnte „Lilly" endlich beweisen, dass sie eine gesetzestreue US-amerikanische Staatsbürgerin und keine heimliche Unterstützerin von Deutschland sei. Triumphierend kehrte sie nach „Ivy Wall" zurück.

„Lilly" Busch überlebte ihren geliebten Gatten Adolphus um 14 Jahre. Am 25. Februar 1928 erlag sie in Pasadena (Kalifornien) im Alter von 83 Jahren einem Herzinfarkt und einer Lungenentzündung. Ihr Leichnam wurde nach St. Louis gebracht und neben ihrem Ehemann Adolphus im Mausoleum auf dem Friedhof „Bellefontaine Cemetery" bestattet. „Lilly" hinterließ ein Vermögen von etwa 8,5 Millionen US-Dollar, darunter 52.820 Aktien von „Anheuser-Busch", die überwiegend an ihre Kinder gingen. Einem Krankenhaus spendete sie im Namen ihres verstorbenen behinderten Sohnes Carl 100.000 US-Dollar.

*Nellie Busch (1863–1934),
verheiratete Weber, verheiratete Magnus,
verheiratete Loeb.
Foto: Undatierte Aufnahme
eines unbekannten Fotografen*

# Freud und Leid der Töchter

Der reiche Kindersegen von Adolphus und „Lilly" Busch war nicht immer ungetrübt. Drei Mädchen namens Alexis, Emilee und Martha starben bereits im Säuglingsalter. Als Jugendlicher mit 15 Jahren überstand der Sohn Edward eine Blinddarm-Entzündung nicht. Die Söhne Adolphus junior und Peter starben im mittleren Erwachsenenalter an einer Blinddarm-Entzündung. Der behinderte Sohn Carl wurde nicht älter als Mitte Dreißig. Diese tragischen Todesfälle ihrer Kinder gingen am Ehepaar Busch nicht spurlos vorüber.

**Nellie**
Die älteste Tochter Nellie (1863–1934) war dreimal verheiratet und überlebte jeden ihrer Ehemänner. Nämlich Harry Weber (1857–1925), Arthur J. Magnus (1860–1906) und Jacob W. Loeb (1873–1912). Von ihrem ersten Ehemann, dem Musiker Harry Weber, den sie mit 17 in St. Louis geheiratet hatte, wurde sie geschieden. Ihr zweiter Ehemann, der Hopfenhändler Arthur J. Magnus aus Chicago, beging am 23. Januar 1906 in Chicago im Alter von 46 Jahren Selbstmord. Er stand im Obergeschoss seines geräumigen Hauses im Schlafzimmer vor einem Spiegel und schoss sich ins Herz. Weil seine 13-jährige Tochter Aimee (1892–1976) im Zimmer nebenan Klavier übte, hörte niemand den tödlichen Schuss. Im Erdgeschoss warteten die Ehefrau Nellie und zum Dinner geladene Gäste auf Arthur. Erst ein Dienstmädchen, das Arthur sagen wollte, dass man auf ihn warte, entdeckte seinen Leichnam. Der dritte Ehemann, der Anwalt Jacob W. Loeb aus Chicago, starb am 28. Januar 1912 im Alter von nur 38 Jahren. Nellie's Grab befindet sich auf dem Friedhof „Graceland Cemetery" in Chicago.

*Edmée Busch (1871–1955),
verheiratete Reisinger,
verheiratete Greenough.
Foto: Bain News Service,
Library of Congress,
Prints and Photographs
Division,
Washington, D.C.,
Digital ID ggbain 20870*

*Hugo Reisinger
(1856–1914), sitzend,
und der Maler Gari Melchers
(1860–1932), (stehend)*

## Edmée

Die Tochter Edmée (1871–1955) steuerte zweimal den Hafen der Ehe an. Am 10. Februar 1890 heiratete sie den in Wiesbaden geborenen, rund 15 Jahre älteren Cousin Hugo Reisinger (1856–1914). Er war der Sohn des Zeitungsverlegers und - herausgebers Franz Reisinger (1816–1866) aus Wiesbaden und seiner Ehefrau Apolonia, geborene Busch, einer Schwester von Adolphus Busch. Hugo war 1883 in die USA eingewandert, hatte 1886 in New York eine Import-Export-Firma gegründet und ab 1898 als Direktor der „Diesel-Motor-Company" fungiert. Edmée und Hugo hatten zwei Kinder namens Curt Hugo (1891–1964) und Walter F. (1893–1948). Als Kunstliebhaber trug Hugo eine Sammlung von Gemälden, Bronzefiguren, Skulpturen und chinesischer Vasen zusammen, die heute teilweise im „Metropolitan Museum" in New York zu sehen ist. Zur Sammlung gehörten Werke von Anders Zorn, Fanton Latour, Claude Monet, Edgar Degas, Gustave Courbet, Joaquin Sorolla y Bastida, Auguste Renoir, A. G. Warshawsky, Max Liebermann, Sir Frank William Brangwyn, Josef Israels, Jean-François Millet, Joseph Pennell, J. Alden Weir, Winslow Homer, Willard Metcalf, James Abbott McNeill Whistler, Gari Melchers, Frederick Frieseke, William M. Chase, Arthur B. Davies, Theodore Robinson, Charles Jacques, Alfred Stevens, Eugene Fromentin, Jean-Baptiste-Camille Corot, Eugène Boudin, and Childe Hassam. Der französische Maler Jacques Émile Blanche (1861–1942) hat von Edmée ein Porträt angefertigt. Ihr Ehemann Hugo ließ sich 1907 von Anders Zorn (1860–1920) und 1912 von Gari Melchers (1860–1932) malen. Hugo Reisinger starb am 27. September 1914 in der „Villa Lilly" bei Lindschied im Taunus. Im Testament hinterließ er seinem Geburtsort Wiesbaden 25.000 US-Dollar, die 1932 nach seinem Tod zur

*Edward A. („Eddie") Faust (1868–1936),*
*Ehemann von Anna Louise („Tolie") Busch (1875–1936).*
*Foto: Undatierte Aufnahme*
*eines unbekannten Fotografen*

Errichtung der nach ihm benannten „Reisinger-Anlagen"
dienten. Edmée verbrachte nach dem Tod ihres Vaters
Adolphus manchen Sommer in der „Villa Lilly" bei Lindschied
und veranstaltete Gartenfeste für die Kinder aus benachbarten
Dörfern. Die 1920 geschlossene zweite Ehe von Edmée mit
Charles E. Greenough (1955 ertrunken) endete bereits 1923
mit der Scheidung. Danach hatte Edmée einen Admiral, einen
Marinekapitän und einen Armeegeneral als Freund. Eine
Geldspende von ihr in Höhe von 4.000 D-Mark ermöglichte
Ostern 1951 den Guss neuer Glocken für die Martin–Luther-
Kirche in Bad Schwalbach. Nach ihrem Tod wurde Edmée
auf dem Friedhof „Woodlawn Cemetery" in New York
begraben.

**Anna Louise**
Die Tochter Anna Louise (1875–1936), genannt „Tolie",
heiratete am 20. März 1897 in St. Louis den 29-jährigen Edward
A. Faust (1868–1936), genannt „Eddie". Obwohl Polizisten
einen Kordon um die „Church of Messiah" in St. Louis
bildeten, drängten sich Hunderte von Zuschauern auf
Bürgersteigen. Die Prachthochzeit kostete rund 100.000 US-
Dollar, die Adolphus bezahlte. Der Ehemann von Anna Louise
war ein Sohn des aus Deutschland stammenden Restau-
rantbetreibers Anthony („Tony") Faust (1836–1906) und seiner
ebenfalls deutschstämmigen Ehefrau Elizabeth (um 1845–
1913) in St. Louis. „Tony" gilt als einer der besten Freunde
von Adolphus Busch. Nach der luxuriösen Hochzeit machten
„Tolie" und „Eddie" auf Kosten von „Tony" Faust fünf
Monate lang Flitterwochen in Europa und Asien. Anschließend
stellte Adolphus dem jungen Ehepaar eine Villa zur Verfügung
und „Eddie" als zweiten stellvertretenden Vorsitzenden von

*„Villa Gontard" (Bildmitte), eingerahmt von Neubauten,*
*in der Bendlerstraße von Berlin-Tiergarten,*
*heute Sitz der Direktion der „Staatlichen Museen zu Berlin".*
*Foto: Fridolin Freudenfett (Peter Kuley) / CC-BY-SA3.0*
*(via Wikimedia Commons),*
*lizensiert unter CreativeCommons-Lizenz by-sa-3.0-en*
*https://creativecommons.org/licenses/by-sa/3.0/legalcode*

„Anheuser-Busch" ein. Anna Louise und Edward A. Faust
hatten zwei Kinder namens Leicester (1897–1979) und Audrey
(1903–1991), genannt „Audie", und blieben bis an ihr
Lebensende ein Ehepaar. Sie starb am 16. April 1936 im Alter
von 61 Jahren in St. Louis an einer Lungenentzündung. Er
erlag einige Wochen später am 5. Juli 1936 im Alter von 68
Jahren einem Herzleiden. Beide wurden auf dem Friedhof
„Bellefontaine Cemetery" in St. Louis begraben.

**Clara**
Die Tochter Clara (1876–1959) ehelichte am 16. Dezember
1895 im Alter von 19 Jahren in St. Louis den deutschen Baron
Paul von Gontard (1868–1941) und wurde in Berlin zur
Trendsetterin. Bald nach ihrer Hochzeit diente sie der Kaiserin
Augusta Viktoria (1852–1921) als Hofdame. Ihr Gatte war Dr.-
Ing. und wirkte von 1905 bis 1928 als Generaldirektor der
„Deutsche Waffen- und Munitionsfabriken AG" („DWM", ab
1923 „Berlin-Karlsruher Industrie-Werke") sowie als Mitglied
zahlreicher Aufsichtsräte (unter anderem bei der „Daimler-
Motoren-Gesellschaft"). Das Ehepaar hatte drei Söhne und
eine Tochter: Paul Curt (1896–1951), genannt „Etienne", später
Forschungsreisender, Adalbert (1900–1976), genannt „Adie",
später Diplom-Ingenieur, Gert Heinz (1906–1979), später
Theaterdirektor, und Lilly Claire (1910–1986). Ab 1910
bewohnten Paul und Clara die „Villa Gontard" in der
Bendlerstraße von Berlin-Tiergarten, die heute als Sitz der
Direktion der „Staatlichen Museen zu Berlin" dient. Im
Erdgeschoss der „Villa Gontard" befanden sich Küche und
Hausmeisterwohnung und ein mit Marmor ausgekleidetes
Treppenhaus. Im ersten Oberschoss lagen eine großzügige
Diele und um diese herum Salon, Herren- und Damenzimmer,

der zum Garten orientierte Speisesaal mit Zugang zur Terrasse und ein Frühstückszimmer. Das zweite Obergeschoss beherbergte Privaträume der Familie und das Dachgeschoss Unterkünfte für Dienstboten. Seit 1931 besaß Paul von Gontard die Staatsangehörigkeit von Liechtenstein. Die Gontards baten oft zu vornehmen Empfängen in ihre pompöse Villa. Laut dem Buch „Berlin 1936. Sechzehn Tage im August" von Oliver Hilmes sah man Clara von Gontard und ihre Tochter Lilli Claire oft in der „Ciro-Bar" in der Rankestraße. In diesem Lokal verkehrten Filmstars, Diplomaten, Politiker und Geschäftsleute. Es gab einen Barbereich im arabischen Stil, der damals als letzter Schrei galt. Über der Bar erhob sich eine goldene Kuppel und an den Wänden hatte man ägyptische Hieroglyphen angebracht. Einige Treppenstufen tiefer befand sich das mit hellem Terrakotta ausgestattete Restaurant. Dort pflegte die schlanke, blonde und blauäugige Clara mit Lilly Claire immer am selben Tisch zu sitzen und nur Sodawasser zu trinken. Delikatessen wie „Schildkrötensuppe à la Ciro", verfeinert mit trockenem Sherry und einigen Tropfen Cognac, interessierten sie nicht. „Millionen auf dem Konto haben und in einem teuren Restaurant nur Sprudel trinken – das nennt man Understatement", meinte der Autor Hilmes. Eigentümer der „Ciro-Bar" war Ahmed Moustafa Dissouki, der Clara von Gontards Geliebter gewesen sein soll. Die Karriere des großen, dunkelgelockten und betörend charmanten Dreißigjährigen in Berlin hatte auf der Tanzfläche begonnen. Er hatte wohlhabende Damen als Eintänzer in der mondänen „Femina-Bar" begeistert. Darunter war auch die verheiratete Clara von Gontard, die sich in Ahmed heftig verliebte. Mit Geld von Clara eröffnete Ahmed 1932 die „Ciro-Bar" und später ein Sommerrestaurant im Stadtteil Kladow. Zeitgleich soll die

Deutsch-Amerikanerin Hedda Adlon (1889–1967) ihrem Gigolo Leon Henri Dajou das Nobellokal „Quartier Latin" spendiert haben. Clara von Gontard und Hedda Adlon mochten sich nicht und versuchten jeweils die andere mit prächtigen Festen, teuren Nobelautos und eleganten Garderoben zu übertreffen.

Anfang 1939 reiste das Ehepaar Gontard in die USA, wo es nach Beginn des „Zweiten Weltkrieges" am 1. September 1939 nicht mehr nach Deutschland zurückkehrte. Paul von Gontard starb 1941 in St. Louis. Die „Villa Gontard" ging 1942 durch einen „Schenkungsvertrag" an das „Deutsche Reich" über. Auf Beschluss des Wiedergutmachungs-Amtes hat man nach dem „Zweiten Weltkrieg" die „Villa Gontard" der Witwe Clara rückübertragen.

**Wilhelmina**

Wie „die letzte Königin von Bayern" lebte die Tochter Wilhelmina (1884–1952), genannt „Minnie", geborene Busch, am Starnberger See, worin 1886 der legendäre Märchenkönig Ludwig II. von Bayern starb. Wilhelmina kam 1911 bei einem Jagdausflug nach Bernried, wo es ihr so gut gefiel, dass sie mehr als 750 Hektar Grund erwarb, was etwa der Hälfte des Gemeindegebietes entsprach. Die über 1,80 Meter große und in jungen Jahren noch sehr hübsche Minnie kaufte zunächst eine feudale Villa an der Seeshauptener Straße, in deren rund 40.000 Quadratmeter großem Garten bald hundert weiße Pfauen herumstolzierten. Darauf beruht der Name „Pfauenvilla" für diesen Wohnsitz. Erster Ehemann von „Minnie" wurde 1906 Eduard („Eddie") August Scharrer (1880–1932), ein Stuttgarter Exportkaufmann und bulgarischer Generalkonsul. Der Jäger und Reiter ließ sich bereits zum Frühstück

*Wilhelmina „Minnie" Busch (1884–1952).*
*Foto: Undatierte Aufnahme*
*eines unbekannten Fotografen*

zwei Pfund Speck mit zehn Eiern braten und verfettete immer mehr. Das Ehepaar besaß vier Luxusautos: einen Maybach, einen Cadillac, einen Mercedes und einen Borgward. Der Ehemann fuhr gerne mit einer sechsspännigen Kutsche durch das Dorf Bernried. Ein Stallbursche musste Trompete blasen, damit die Kutsche immer Vorfahrt hatte. Ein Nachreiter sicherte die Fahrt ab. Der dicke „Eddy" hielt sich im Münchner „Parkhotel", das er gekauft hatte, eine Geliebte, worauf „Minnie" die Scheidung einreichte, die aber nicht vollzogen wurde. Das Ehepaar Scharrer besaß das bereits 1927 erworbene Hofgut Bernried, das Gut Adelsried, die Schwaige Höhenried, große Teile des Bernrieder Parks und viel Wald. Als Wohnsitz diente das Höhenrieder Gutshaus. Scharrer war Teilhaber der Hopfenhandlung „Eduard Scharrer & Co.", Teilhaber der „Münchner Neueste Nachrichten", Besitzer der Zeitung „Das Bayerische Vaterland", zwischen 1921 und 1929 im bayerischen Landesausschuss der „Deutschen Bank", Aufsichtsrat süddeutscher Brauereien, Mitglied des Aufsichtsrats der hugenbergschen „Vera-Verlagsanstalt" und Förderer der Nationalsozialisten. Bald nach der pompös gefeierten „Silbernen Hochzeit" von 1931 und dem Tod von Scharrer am 20. September 1932 wählte die 49-jährige „Minnie" ihren 30-jährigen Arzt Dr. med. Carl Borchard zum zweiten Ehemann. Die Beiden ließen sich von 1937 bis 1939 das „Schloss Höhenried" am Rand von Bernried bauen. 1941 war „Minnie" von ihrem inzwischen lästig gewordenen zweiten Gatten wieder geschieden. Während der letzten Jahre des „Zweiten Weltkrieges" lebte die inzwischen dicke „Minnie" in der Schweiz. Im Herbst 1946 kehrte sie auf „Schloss Höhenried" zurück. In Zürich hatte sie im April 1942 den amerikanischen Konsul Samuel Edison Woods (1892–1953) kennen gelernt, den sie 1948 heiratete.

Ihr dritter Ehemann Woods war zeitweise amerikanischer Generalkonsul in München. Ab 1948 führte das Ehepaar Woods ein luxuriöses Leben auf „Schloss Höhenried", wo es mehr als hundert Angestellten beschäftigte. Zu den opulenten Festen in prunkvollen Räumen mit kostbaren Antiquitäten kamen bis zu 2.500 Gaste. Im Park ließ „Minnie" exotische Bäume pflanzen, terrassenartige Weiher anlegen, einen Tierpark einrichten und ungarische weiße Damhirsche ansiedeln. Nach einer vermutlich missglückten Operation starb „Minnie" am 23. November 1952 in München. Samuel überlebte sie nicht lange und starb am 22. Mai 1953. Jeder von ihnen ruht in einem eigenen pompösen Marmorsarg mit der Aufschrift „Love never ends" in der Grabstätte im Park von „Schloss Höhenried" mit Blick auf den Starnberger See. In einem kleinen Grab wurde die Lieblingshündin von „Minnie" namens „Peggy" bestattet.

*Foto Seite 206 oben: Außenansicht von Schloss Höhenried.*
*Foto: Gras-Ober / CC-BY-SA3.0 (via Wikimedia Commons),*
*lizensiert unter CreativeCommons-Lizenz by-sa-3.0-de,*
*https://creativecommons.org/licenses/by-sa/3.0/legalcode*

*Foto Seite 206 unten: Innenraum von Schloss Höhenried.*
*Foto: Boschfoto / CC-BY-SA3.0 (via Wikimedia Commons9,*
*lizensiert unter CreativeCommons-Lizenz by-sa-3.0-de*
*https://creativecommons.org/licenses/by-sa/3.0/legalcode*

*August A. Busch senior (1865–1934),*
*genannt August I oder „Gussie senior",*
*der zweite Sohn und Nachfolger von Adolphus Busch senior.*
*Foto: Julius Caesar Strauss (1857–1924),*
*Missouri Historical Society, St. Louis,*
*Identifier: N11745,*
*https://mohistory.org/collections/item/resource:141198*

# Nachfolger des „Bier-Königs"

## August I („Gussie senior")

August A. Busch senior (geboren am 29. Dezember 1865, gestorben am 10. Februar 1934), genannt August I oder „Gussie senior", der zweite Sohn und Nachfolger von Adolphus Busch, führte das Unternehmen „Anheuser-Busch" durch schwierige Zeiten. In seine Ära von 1913 bis 1934 fielen der „Erste Weltkrieg" (1914–1918), die Prohibition von 1920 bis 1933 mit dem landesweiten Verbot der Herstellung, des Transports und des Verkaufs von Alkohol in den USA sowie die Weltwirtschaftskrise ab dem New Yorker Börsencrash im Oktober 1929. Seine Ehefrau war Alice Edna Zisemann (1865–1958). Mit ihr hatte August I fünf Kinder: Adolphus III (1891–1946), Marie (1892–1963), Clara (1895–1957), August junior (1899–1969), genannt „Gussie junior", und Alice (1904–1995), genannt „Pummie" (1904–1995). Es heißt, August I hätte ursprünglich gern Cowboy werden wollen.

Als August I. noch Vizepräsident der Brauerei „Anheuser-Busch" war, kaufte sein Vater Adolphus I die ehemalige Lyon-Schule in St. Louis, die sein Sohn einst besucht hatte. Adolphus I wandelte die frühere Schule zum Hauptbüro um und wies seinem Sohn dessen ursprüngliches Klassenzimmer als Büro zu. Wollte er August I damit sagen, dass dieser noch viel zu lernen habe? Eigenmächtig führte August I vor der Jahrhundertwende den Metall-Kronenkorken als Ersatz für den verdrahteten Korkpropfen ein.

Nachdem die USA am 6. April 1917 dem „Deutschen Reich" den Krieg erklärt hatten, gelobte August I bei einem Dinner im „St. Louis Club" seine Loyalität zu den „Vereinigten Staaten". Zuvor hatte er wie andere Mitglieder der Familie

*August senior (1865–1934) mit seinen Enkelkindern*
*Adolphus („Dolph") Busch Orthwein (links)*
*und Jacquelinie Jones (rechts), um 1922.*
*„Dolph" wurde Silvester 1930 entführt.*
*Foto: Missouri History Society, St. Louis, Identifier: N11811,*
*http://collections.mohistory.org/resource/140967*

Busch offen Partei für den deutschen Kaiser Wilhelm II. ergriffen, mit dem sein 1913 verstorbener Vater Adolphus I. befreundet gewesen war. Außerdem brach August I. in jenem Jahr alle sentimentalen Beziehungen zu Deutschland ab und nahm sie nach Kriegsende anscheinend nicht mehr auf.

Die wirtschaftlich schwierige Phase der Prohibition (1920–1933) mit landesweitem Verbot der Herstellung, des Transports und des Verkaufs von Alkohol in den USA überstand das Unternehmen „Anheuser-Busch" unter der Leitung von August I durch kluges Management. Statt Bier bot man nun Eiscreme, alkoholfreie Getränke, Backhefe und andere Kühlwaren an.

Die Busch gehörten zu den prominenten Familien, die am alljährlich im Dezember stattfindenden „Veiles Prophet Ball" in St. Louis teilnahmen. 1922 wurde die Tochter Alice von August I bei dieser Tanzveranstaltung zur „Queen of Love and Beauty" („Königin der Liebe und Schönheit") gewählt.

In der bitterkalten Silvesternacht 1930 entführte der arbeitslose Makler Charles Abernathy den 13-jährigen Adolphus („Dolph") Busch Orthwein (1917–2013). Der Junge mit dem Spitznamen „Buppie" war der Sohn von Clara Busch und Percy Orthwein (1888–1957) sowie der Enkel von August I. Ein Chauffeur fuhr „Dolph" um sieben Uhr abends zu einer Dinnerparty mit seinen Großeltern auf „Grant's Farm" bei St. Louis. Kurz vor dem Ziel stoppte ein mit einer Pistole bewaffneter maskierter Mann die Limousine der Marke „Lincoln", drängte den Chauffeur aus dem Wagen, raubte ihm 4,50 US-Dollar und raste mit dem Jungen davon. Der Kidnapper verließ den Fluchtwagen nur ein paar Häuserblocks vom Entführungsort entfernt. Er zwang den Jungen in ein kleineres Auto, legte ihm Handschellen an und brachte ihn in seine Bleibe in Webster Groves. Noch in der Nacht versprach

*Adolphus III, August senior (August I) und August junior*
*(„Gussie junior") – von links nach rechts –*
*posieren 1933 nach der Aufhebung des Alkoholverbots (Prohibition)*
*in den USA mit dem ersten Kasten Bier,*
*der für das „Weiße Haus" in Washington bestimmt ist.*
*Foto: Missouri Historical Society, St. Louis, Identifier: N11784,*
*https://mohistory.org/collections/item/resource:140944*

August I per Radio eine Belohnung von 10.000 US-Dollar für einen entscheidenden Hinweis. Am Neujahrsmorgen 1931 informierte Pearl Abernathy die Polizei, vermutlich habe sein Sohn Charles den Jungen entführt und er glaube zu wissen, wo er sich befinde. Daraufhin raste Percy Orthwein mit Freunden zur angegebenen Adresse nach Webster County und traf dort seinen Sohn auf der Straße an. Drei Tage später fasste man den Entführer, einen 28-jährigen Schwarzen mit sieben Kindern und ohne Geld, in Kansas City.

Zwischen 1929 und 1932 wurden in den USA sage und schreibe 2.500 Menschen entführt. Einer der spektakulärsten Fälle jener Zeit war die Entführung des 20 Monate alten Babys des Flugpioniers Charles Lindbergh (1902–1974) am 1. März 1932 aus seinem Kinderzimmer. Der Vater sah den kleinen Jungen trotz einer Lösegeldzahlung von 50.000 US-Dollar nicht mehr lebend wieder.

Ab April 1933 spielte das stattliche Kaltblutpferd Clydesdale in der Werbung und als Maskottchen der Brauerei „Anheuser-Busch" eine wichtige Rolle. Damals schenkten Adolphus III und August junior („Gussie junior") ihrem Vater August I aus Freude über die Aufhebung des Alkoholverbots in den USA einen Bierwagen mit sechs Clydesdales als Zugtieren. Das Unternehmen erkannte das Vermarktungspotential dieses ungewöhnlichen Geschenks und schaffte ein zweites solches Gespann an. Mit einem von sechs Clydesdales gezogenen Bierwagen fuhr man unter dem Jubel von Tausenden nach New York. Dort überreichte man dem ehemaligen Gouverneur Alfred E. Smith (1873–1944) zum Dank für seinen Kampf gegen die Prohibition eine Kiste mit „Budweiser". Anschließend setzte man die Fahrt nach Washington D. C. fort und lieferte dort Präsident Franklin Delano Roosevelt (1882–

*„Budweiser"-Clydesdales bei der*
*„2008 South Boston St. Patrick's Day Parade".*
*Foto: Paul Keleher / Flickr / CC-BY2.0*
*(via Wikimedia Commons), lizensiert unter*
*CreativeCommons-Lizenz by-2.0-de,*
*https://creativecommons.org/licenses/by/2.0/legalcode*

1945) ebenfalls eine Kiste mit „Budweiser". Das bis zu 1,93 Meter hohe, maximal 1000 Kilogramm schwere Clydesdale mit stämmigen Beinen, großen Hufen und üppiger Fesselbehaarung entstand im 18. Jahrhundert im Tal des schottischen Flusses Clyde. Bis heute werden Clydesdales bei „Anheuser-Busch" in St. Louis als Maskottchen gezüchtet und die Rasse erhalten. In der Fernsehwerbung hat das „Budweiser Clydesdale" beim „Super Bowl" seit 1986 eine große Tradition. Die Brauerei „Anheuser-Busch" besitzt insgesamt etwa 250 Clydes-dales, die an verschiedenen Orten in den USA gehalten werden. Diese Tiere bilden eine der größten Clydesdale-Herden der Welt.

Im reiferen Alter litt August I an Herzproblemen, Wassersucht und Gicht. Nachdem er mehrere Monate lang schwer krank war, beging er am 10. Februar 1934 im Alter von 68 Jahren auf „Grant's Farm" bei St. Louis mit einem Schuss ins Herz Selbstmord. Bevor er sich erschoss, schrieb er eine kurze Notiz an seine Familie: „Auf Wiedersehen, kostbare Mami und liebenswerte Kinder." Grant's Farm wurde von Ulysses S. Grant (1822–1885) auf einem Grundstück erbaut, das ihm 1848 sein Schwiegervater Frederick Fayette Dent (1786–1873) geschenkt hatte. Grant war von 1869 bis 1877 der 18. US-Präsident. August I. hatte „Grant's Farm" bereits 1903 erworben.

**Adolphus III**
Nach dem Tod von August I fungierte dessen ältester Sohn Adolphus III (geboren am 10. Februar 1891, gestorben am 29. August 1946) von 1934 bis 1946 als Präsident und Vorstandsvorsitzender („CEO") von „Anheuser-Busch". Adolphus III war ein Urenkel von Adolphus I. Nachdem Adolphus III als Kronprinz im Haus „Number Two Busch Place" seines Vaters in St. Louis zur Welt gekommen war,

*Adolphus III (1891–1946) bei der „Horse Show" in St. Louis im Jahre 1911.*
*Foto: Harris & Ewing, Library of Congress Prints and Photographs Division, Washington, D.C., Digital ID hec 00204 // hdl.loc.gov/loc.pnp/hec.00204*

feuerte man über der Brauerei eine Gewehrsalve ab. Als Kind, Jugendlicher und selbst noch als Erwachsener war Adolphus III schüchtern und zurückhaltend. Während seiner Schulzeit zog er die Ställe seines Vaters dem Klassenzimmer im College vor. Denn er liebte Pferde über alles. 1912 verliebte er sich in ein Showgirl, was monatelang für Gesprächsstoff sorgte. Dass er eine Theaterschauspielerin, mit der er mehrfach in St. Louis zum Essen ging, heiraten wolle, dementierte er.

Aus der am 21. Juni 1913 geschlossenen ersten Ehe von Adolphus III mit Florence McRhea Lambert (1881–1961) ging im Mai 1914 die Tochter Marie Eleanor (1914–1998), genannt „Lammie", hervor. Die Heirat des 22-jährigen Adolphus III mit der zehn Jahre älteren geschiedenen Florence war ein Skandal gewesen. Florence hatte bereits drei Kinder (Stafford, Florence, Marion) aus ihrer ersten Ehe mit Marion S. L. J. Lambert (1881–1923). Während das junge Ehepaar Busch im Januar 1915 bei August I auf „Grant's Farm" speiste, verschwanden aus seinem heimischen Schlafzimmer kostbare Edelsteine und Perlen im Wert von 12.800 US-Dollar. Trotz Einschaltung von Privatdetektiven und ausgelobter hoher Belohnung tauchten die wertvollen Schmuckstücke nicht mehr auf. 1917 kam es noch schlimmer für das junge Ehepaar, als sein Wohnsitz „Grandview Farm" abbrannte. Adolphus III und die eigensinnige, laute Florence hatten ein Alkoholproblem und ließen sich 1930 scheiden. Aus der 1930 geschlossenen zweiten Ehe von Adolphus III mit Catherine Milliken Bowen (1900–1971) aus Dallas stammt die Tochter Sallie Marie (1931–2001). Catherine stammte aus einer alten texanischen Familie. Sie war die Enkelin von Barnett Gibbs (1851–1904), der von 1885 bis 1887 als Vizegouverneur von Texas fungierte. Adolphus III starb am 29. August 1946 im „Barnes Hospital"

*August Busch junior (1899–1989)*
*oder August A. Busch (August Anheuser Busch),*
*genannt „Gussie junior".*
*Foto: J. C. Strauss Studio, Missouri Historical Society,*
*Identifier: N38349,*
*https://mohistory.org/collections/item/resource:145182*

in St. Louis. Als Todesursache gelten eine Hirnblutung oder Magenkrebs und Herzversagen.

## „Gussie junior"

Von 1946 bis 1975 baute August Busch junior, genannt „Gussie junior" (geboren am 28. März 1899 in St. Louis, gestorben am 29. September 1989 in St. Louis) als „Geschäftsführender Gesellschafter" die „Anheuser-Busch Companies" („ABC") zur größten Brauerei der Welt aus. Zuvor war er ab 1924 Produktionsleiter und ab 1934 Direktor der Brauereiabteilung gewesen. Zum Präsidenten und Vorstandsvorsitzenden („CEO") stieg er 1946 nach dem Tod seines älteren Bruders Adolphus III auf. „Gussie junior" war als Erwachsener etwa 1,75 Meter groß und 82,5 Kilogramm schwer.

Als Zwölfjähriger hatte er 1911 an einer Jagd seines Großvaters Adolphus I im Taunus teilgenommen. Als sich ein getroffener Rehbock ins Unterholz zurückzog, rannte „Gussie junior" mit dem Gewehr seines Großvaters zum Rehbock und schoss ihn in den Kopf. Danach bot ihm sein Großvater seine Flasche mit Whiskey und eine Zigarre an, bat ihn aber, er solle seinem Vater davon nichts erzählen.

„Gussie junior" heiratete viermal, wurde zweimal geschieden und zeugte insgesamt elf Kinder. Erste Ehefrau wurde 1918 Marie Christy Church (1896–1930), zweite 1933 Elizabeth Overton Dozier (1894–1958), dritte am 23. März 1952 Gertrude („Trudy") Buholzer (1927–2016) und vierte 1981 Margaret Rohde Snyder (1916–1988). Aus der ersten Ehe stammen die Töchter Carlotta und Lilly Marie, aus der zweiten die Tochter Elizabeth und der Sohn August III.

Die erste Ehefrau Marie Christy Church erlag am 29. September 1930 im Alter von nur 34 Jahren einer Lungenentzündung.

*August Busch junior (1899–1989)*
*oder August A. Busch (August Anheuser Busch),*
*genannt „Gussie junior" als Kind um 1910.*
*Foto: Missouri Historical Society, Identifier: N38588*
*https://mohistory.org/collections/item/resource:143907https://*
*mohistory.org/collections/item/resource:143907*

Noch zu deren Lebzeiten hatte „Gussie junior" offenbar eine Affäre mit Elizabeth Overton Dozier, der Ehefrau des Unternehmers Lewis David Dozier und Mutter von drei Kindern (James, Lewis David, Maya). Die Ehe von „Gussie junior" mit Elizabeth fand bereits zwei Wochen nach deren Scheidung am 8. September 1933 von ihrem Ehemann statt. Elizabeth wird als eine graziöse Frau mit königlichem Auftreten beschrieben.

„Gussie junior's" dritte Ehefrau Gertrude Buholzer war eine in Luzern geborene Schweizerin. Der damals 50-jährige „Gussie junior" sah 1949 die 22 Jahre alte schlanke und hübsche Blondine zum erstenmal, als diese als Hostess im Restaurant „Old Swiss House" ihrer Familie in Luzern arbeitete. Obwohl „Gussie junior" zu diesem Zeitpunkt noch mit seiner zweiten Frau Elizabeth verheiratet war, bat er Gertrude um ein Date und machte ihr noch in der ersten Nacht einen Vorschlag. Gertrude kehrte mit „Gussie junior" auf „Grants's Farm" bei St. Louis zurück und wurde von ihm mit verschwenderischen Geschenken überhäuft. Auf dem Gelände von „Grant's Farm" befand sich ein von „Gussie junior's" Vater erbautes französisches Renaissance-Schloss mit 26 Zimmern und 14 Bädern. Gertrude reiste mit „Gussie junior" durch das ganze Land und wurde 1950 eine der Hostessen, die US-Präsident Harry S. Truman (1884–1972) während eines Besuches auf der Farm begrüßten. Einen Monat nach der Scheidung heiratete „Gussie junior" 1952 seine „Troodles". Bei der Hochzeit war sie 25 und er 52 Jahre alt. Das Ehepaar bekam sieben Kinder: Adolphus IV, Beatrice, Peter W., Trudy, William, Andrew und die früh gestorbene Christina. Gertrude war katholisch und „Gussie junior" nahm ihren Glauben an. 1959 ließen beide eine private „St. Hubert-Kapelle" auf „Grant's Farm" errichten, wo Gertrude die Sonntagsmesse für ihre Familie und Freunde arrangierte. Auch in Zeiten familiärer Tragödien blieb Gertrude stark. Als im Dezember 1974 ihre achtjährige Tochter Christina auf dem Schulweg ums Leben kam, verzieh sie dem Lastwagenfahrer, der ihr Kind überfahren hatte. Sie wisse, dass er das nicht vorgehabt hätte. Am 8. Februar 1976 um ein Uhr nachts erschoss ihr damals 20-jähriger Sohn Peter W. auf „Grant's Farm" mit einer Pistole unabsichtlich seinen Freund David Leeker (23), den Sohn des Präsidenten von „So Good Potato Chip Co.". Die Waffe wurde versehentlich abgefeuert, als beide zu Bett gehen wollten und Peter W. einen Kopfkissenbezug auf Leeker warf. Dabei löste sich ein Schuss und traf David zwischen Nase und Oberlippe. 1978 erfolgte eine „schmutzige Scheidung" des 78-jährigen „Gussie junior" und der 51 Jahre alten Gertrude. Die vierte Ehefrau Margaret Snyder arbeitete als Sekretärin bei „Anheuser-Busch" und wurde 1975 als erste Frau in den Verwaltungsrat der Brauerei berufen.

Im Juni 1942 meldete sich „Gussie junior" freiwillig zum Militär, erhielt den Rang eines Oberstleutnants, überwachte die Munitionsproduktion, wurde 1944 zum Oberst befördert und erhielt den Orden „Legon of Merit". Er liebte Waffen, mochte Tiere und war ein geschickter Reiter. Im 1955 eröffneten Privatzoo bildete er Schimpansen und Elefanten aus, bevor er sie dem „St. Louis Zoo" schenkte. Um seinen bettlägerigen Vater August I aufzuheitern, ritt er mit einem Pferd auf der Haupttreppe des Familiensitzes zum Schlafzimmer des Kranken. 1953 erwarb er von dem wegen Steuerhinterziehung verurteilten Fred Saigh (1905–1999) für 3,75 Millionen US-Dollar das „Major-League-Baseball-Team" der „St. Louis Cardinals". In St. Louis nannte man ihn „Mr. Beer and Baseball".

Im Alter von 90 Jahren erlag er einer Lungenentzündung. Er hinterließ ein Privatvermögen von 1,5 Milliarden US-Dollar. Sein Grab befindet sich auf dem Friedhof „Sunset Memorial Park and Mausoleum" bei St. Louis.

### Richard A. Meyer

Als August Busch junior („Gussie junior") 1953 das „Major-Leage-Baseball-Team" der „St. Louis Cardinals" kaufte, ernannte er den Brauereivorstand Richard A. Meyer zum General Manager bei den „Cardinals", weil jener als Jugendlicher ein Baseballspieler gewesen war. Doch Meyer war besser für die Geschäfte der Brauerei als für jene des Baseball-Teams geeignet. Im Oktober 1955 übernahm der Baseball-Manager Frank Lane (1896–1981), der vorher bei den „Chicago White Sox" gewesen war, die Funktion als General-Manager bei den „Cardinals". Meyer kehrte in die Brauerei „Anheuser-Busch" als leitender Angestellter zurück, blieb aber weiterhin Vizepräsident der „Cardinals" und diente dem Team noch 18 Jahre. Von 1971 bis 1974 fungierte er als Präsident von Anheuser-Busch. Im Februar 1974 verließ der 57-Jährige nach 38 Jahren die Brauerei „Anheuser-Busch" und kehrte zu den „Cardinals" zurück. Er war sich mit dem 74-jährigen „Gussie junior" nicht über einen Personalabbau in der Brauerei einig geworden.

### August III

Ein Sohn aus der zweiten Ehe von „Gussie junior" mit Elizabeth Overton Dozier, nämlich der am 16. Juni 1937 in St. Louis geborene August III (August Anheuser Busch), fungierte von 1975 bis Juni 2002 als „Chief Executive Officer" („CEO") der „Anheuser-Busch Companies" („ABC"). Zwischen 1977 und 2006 war er Vorsitzender des „Board of

Directors" von „ABC". Am 30. November 2006 trat er aus den exekutiven Funktionen des Unternehmens aus. – „Auggie" (auch „The Third" oder „Three Sticks") hatte an der „University of Arizona" studiert, ohne dort einen Abschluss zu erreichen. Deswegen setzte ihm sein Vater „Gussie junior" ein Ultimatum, das ihn veranlasste, eine Stelle in der väterlichen Brauerei auf der untersten Besoldungsstufe anzutreten. Aus der ersten Ehe von August III von 1963 bis 1969 mit Susan Hornibrook gingen die Kinder August IV und Susan hervor. Aus der 1974 geschlossenen zweiten Ehe mit der Anwältin Virginia Lee Wiley stammen die Kinder Steven und Virginia („Ginny"). Jedes der vier Kinder hatte später irgendeine Funktion bei „Anheuser-Busch". 1974 spendete August III den Athletik-Teams der „LSU Tigers and Lady Tigers" der „Louisiana State University" in Baton Rouge den Bengal-Tiger „Mike IV" als Maskottchen. Diese Raubkatze wurde in „Busch Gardens" in Tampa (Florida" geboren und hieß ursprünglich „Jerry". In einer Palastrevolution stieß August III seinen 76-jährigen Vater „Gussie junior" 1975 vom Thron und erkämpfte sich die Führung von „Anheuser-Busch". Nach der Absetzung bot Senator Tom Eagleton (1929–2007) „Gussie" juristischen Rat an, ob er versuchen sollte, die Kontrolle des Unternehmens durch einen Prozess oder einen Stellvertreterkampf wiederzuerlangen. Der als aggressiver, unerbittlicher und ehrgeiziger Workaholic geltende August III lenkte den Riesenkonzern mit eiserner Hand. Er vermehrte das Erbe seiner Familie um Hunderte von Millionen US-Dollar.

### Patrick T. Stokes

Zwischen 2002 und Dezember 2006 war Patrick T. Stokes (1942 geboren in Washington D.C.) Präsident und Vorstandsvorsitzender („Chief Executive Officer" = „CEO") sowie von 2006 bis November 2008 „Chairmen" von „Anheuser-Busch". Mitglieder der Familie Busch wurden 2002 übergangen, als das Unternehmen den Manager Stokes zum Präsidenten und „CEO" ernannte. August III erklärte, er besitze nur ein Prozent der Aktien und der Verwaltungsrat treffe die Entscheidung. – Während seines Studiums an der „Columbia University" arbeitete Stokes, der Sohn eines FBI-Beamten, 1965 zwischen zwei Semestern in Schweden, wo er seine spätere Ehefrau Anna Kristine kennen lernte. 1966 und 1967 war er bei der „Shell Oil Company" beschäftigt. Von 1967 bis 1969 diente er bei der „US-Army" als „First Lieutenant". 1969 trat er bei „Anheuser-Busch" ein. 1972 wurde er Assistent von August III und 1981 Vize-Präsident. Unter Stokes wuchs das Unternehmen weiter und erzielte Rekordumsätze. 1989 verkaufte die Brauerei „Anheuser-Busch" 80,7 Millionen Barrel Bier und 2004 sogar 103 Millionen Barrel Bier im Inland. 2006 verdiente Stokes 46 Millionen US-Dollar. Das Ehepaar Stokes hat zwei Söhne (David, Michael) und eine Tochter.

**August IV**
Im Dezember 2006 wurde August IV (geboren am 15. Juni 1964 in St. Louis), eigentlich August AdolphusBusch, Vorstandsvorsitzender („CEO") von „Anheuser-Busch". Er ist ein Urur-Enkel von Adolphus I und repräsentierte die fünfte Busch-Generation an der Spitze des amerikanischen Traditionskonzerns. „Nummer 4", wie er im Konzern genannt wurde, stammt aus der ersten Ehe von August III mit Susan Hornibrook. Seine Eltern ließen sich 1969 scheiden, als er fünf Jahre alt war. Danach lebte er bei seiner Mutter. In seiner Jugend hielt man August IV für ein verwöhntes reiches Kind, einen

*„County Home Bauernhof" an der Gravois Road,*
*1913 von August I erbaut,*
*heute ein Teil von „Grant's Farm" bei St. Louis..*
*Foto: Missouri Historical Society, St. Louis, Identifier: N33547,*
*http://collections.mohistory.org/resource/149700*

Hallodri und einen Partylöwen. Aber wenn man seinen Lebenslauf liest, könnte man fast meinen, er sei vom Pech verfolgt. Als sein Halbbruder Peter W. (20) am 8. Februar 1976 nachts auf „Grant's Farm" versehentlich seinen Freund David Leeker (23) erschoss, wurde er aus dem Schlaf gerissen. 1983 kam die 21-jährige Begleiterin Michele Frederik des damals 19-jährigen August IV bei einem Autounfall mit dessen schwarzer „Corvette" in einer unfallreichen Kurve ums Leben. Mit 20 lieferte er sich nach dem Besuch einer Striptease-Bar in Sauget (Illinois) eine wilde Verfolgungsjagd mit einer Zivilstreife. Dabei raste er mit umgerechnet fast 150 Stundenkilometern durch den Ort. Man konnte ihn erst durch Schüsse auf den Hinterreifen stoppen. August IV behauptete, er habe seine Entführung befürchtet. Von 2006 bis 2009 war er mit Kathryn („Kate") Thatcher verheiratet. Laut Online-Lexikon „Wikipedia" folgte er nach dem Studium der Familientradition und arbeitete zuerst als Brauerei-Lehrling in der Mälzerei, dann als Praktikant im Zentrum für Hefe-Reinzucht und später als Vorarbeiter in der Abteilung Verpackung und Versand. 1989 wechselte er ins Marketing und entwickelte die neue Sorte *Bud Dry*, die nach anfänglichen Erfolgen langfristig floppte. 2008 konnte er den Verkauf des Unternehmens „Anheuser-Busch" an die belgisch-brasilianische „In-Bev-Gruppe" nicht ver-hindern. 2010 fand man seine 27-jährige Freundin Adrienne Nicole Martin tot in ihrem Haus in Huntleigh (Missouri). Sie hatte Kokain und ein starkes Schmerzmittel genommen. Zu Unrecht nahm man August IV am 10. Juli 2017 in Swansea (Illinois) fest, weil er angeblich betrunken einen Hubschrauber fliegen wollte. Doch Alkoholtests, Blut- und Urinproben ergaben seine Unschuld. Dem „Wall Street Journal" verriet August IV, er habe zu August III nie eine wirkliche Vater-Sohn-Beziehung gehabt.

*Ein Bild aus glücklicheren Tagen im Jahre 1900,*
*als Adolphus Busch senior (Adolphus I) noch lebte:*
*Schwiegersohn Paul von Gontard, Ehefrau „Lilly"*
*und Sohn August senior (August I), von links nach rechts.*
*Foto: Bain News Service, Library of Congress,*
*Prints und Photographs Division, Washington, D.C., Digital ID*

# Was aus der „Villa Lilly" wurde

Nach dem Tod von Adolphus Busch im Oktober 1913 begann für die ehemalige Sommerresidenz „Villa Lilly" beim Taunusdorf Lindschied eine wechselvolle Geschichte. Die Anlage soll damals ungefähr drei Millionen US-Dollar wert gewesen sein. Im Sommer 1914 verbrachte der Sohn August I des verstorbenen Patriarchen mit Ehefrau Alice und Kindern dort einen Urlaub.

Bei Ausbruch des „Ersten Weltkrieges" im August 1914 flüchtete August I mit seiner Familie auf einem überfüllten Schiff zurück in die USA. Seine Mutter „Lilly" dagegen wollte in der Villa den Winter verbringen. Fast während des ganzen „Ersten Weltkrieges" lebte sie bei Lindschied oder zusammen mit ihren Töchtern Clara und Wilhelmina („Minnie") in Bernried am Starnberger See in Bayern. Erst im Frühjahr 1918 kehrte sie in die USA zurück.

Der Journalist Hendrik Jung berichtete im „Jahrbuch des Rhein-Taunus-Kreises 2018", „Lilly" Busch sei bis zu ihrem Tod im Februar 1928 weiterhin jeden Sommer zur „Villa Lilly" gekommen. Ihr Ehemann Adolphus habe sein Herz an die Taunus-Hügel rund um Lindschied verloren. Dort wollte er auf dem Gelände der ehemaligen Höfe Wallenbusch und Gieshübel einen Musterwald für Deutschland errichten. Viele Douglasien, Roteichen oder Colorado-Tannen habe er eigens aus den USA bringen lassen.

Im „Ersten Weltkrieg" (1914–1918) und im „Zweiten Welt-krieg" (1939–1945) öffnete der ehemalige Obergärtner Anton Majer von Adolphus Busch die Gatter, damit Damwild in die Wälder flüchten konnte. Gerd Besier, ein Enkel des früheren Obergärtners, vermutet, das gesamte Damwild in der Gegend um Lindschied stamme von Tieren, die ursprünglich auf dem Gelände der „Villa Lilly" gehalten worden sind.

1932 erwarb der „Preußische Staat" die ehemalige Sommerresidenz bei Lindschied. Ab 1939 wurde das Gebäude-Ensemble als „Müttergenesungsheim Aartal" der „Nationalsozialistischen Volkswohlfahrt" genutzt. Nach Kriegsende diente das etwa 373.000 Quadratmeter große Gelände mitsamt Gebäuden ab 1945 als amerikanisches Soldatenheim („Recreations Center") für die im Raum Wiesbaden stationierten Amerikaner. Ab 1949 betrieb man dort das „Haus Schwalbach" als „Heim für Volksbildung und Jugendpflege". Unter Leitung der Sozialpädagogin Dr. Magda Kelber (1908–1987) entwickelte sich das Haus zur Arbeitsstätte für Gruppenpädagogik.

Von Ostern 1959 bis 1972 folgte das deutsch-schweizerische Privatinternat „Albert-Schweitzer-Schule" unter Leitung von Direktor Karlheinz Graf und seiner Ehefrau Rosemarie Graf-Bürki. Im Mittelpunkt stand der harmonisch ausgebildete Mensch, der durch strenge Disziplin zur Selbstbeherrschung gelangt und für andere zu leben und uneigennützig zu arbeiten weiß. Seit 1965 gehörte das Areal dem Land Hessen.

Anfang der 1960er Jahre verschwand der einstige Märchenpark der „Villa Lilly" mit beliebten Figuren aus Märchen der Brüder Grimm. Die 1961 geborene Ortsvorsteherin von Lindschied, Claudia Tremper, kann sich nicht an den Märchenpark erinnern. Ihre ältere Schwester hat zumindest noch Fotos des Märchenparks gesehen. Tatsächlich vorhanden waren zeitweise nur Reste eines Hexenhäuschens. Laut Gerüchten sollen die Märchenfiguren von amerikanischen Soldaten mitgenommen worden sein. Die Figur des Rotkäppchen trug früher täglich frische Blumen in einer Hand.

Irgendwann 1979 trafen sich in der „Villa Claire" auf dem Gelände der „Villa Lilly" F. K. Waechter, Pit Knorr, Robert Gernhardt, Chlodwig Poth und Hans Traxler, die später unter dem Namen „Neue Frankfurter Schule" bekannt wurden, zur Gründung des Satiremagazins „Titanic". Die fünf Männer kannten sich als Texter und Zeichner der Zeitschrift „Pardon". Bei der Namensfindung hatten sie die Qual der Wahl zwischen „Devot" oder „DIE SONNE" und entschieden sich schließlich für „Titanic". Jedes Wochenende sollen Frankfurter „Spontis" in der „Villa Claire" schöne Feten gefeiert haben.

1980 stellte man einen neuen Nutzungsplan für die Villa Lilly" auf. 1984 wurde mit der umfassenden Sanierung des verfallenen und verwahrlosten Gebäude-Ensembles für 15 Millionen Mark begonnen.

Im Juli 1986 fand man in einer Bleikartusche die Grund-steinlegungs-Urkunde der „Villa Lilly" vom 16. Mai 1891. Die Urkunde war zusammen mit einer Ausgabe des „Frankfurter Journals" vom 16. Mai 1891 in der Kartusche deponiert worden. Über diese Entdeckung berichtete Birgit Emnet am 22. Juli 1986 im „Wiesbadener Kurier" in einem Zeitungsartikel mit der Überschrift „Ein Lichtstrahl erhellt Villa-Lilly-Mythos".

Mitte der 1980er Jahre betrat der Sozialpädagoge, Gestaltungs- und Psychotherapeut Michael Schwind erstmals das Areal der „Villy Lilly". Damals waren die ursprünglich prächtigen Gebäude der einstigen Sommerresidenz des „Bier-Königs" Adolphus Busch bereits in einem erbärmlichen Zustand. Eines der Häuser diente als Unterstand für Schafe. Im Inneren standen große Töpfe mit Schafsinnereien. Es regnete durch die undichten Dächer und es waren kaum noch Möbel vorhanden. Bevor man einen schützenden Zaun errichtete, wurden etliche wertvolle Kunst- und Einrichtungsobjekte gestohlen. Beim ersten Besuch sah Schwind einen riesigen Kristalllüster, kunstvolle Waschbecken, eine meterhohe Bronze-Skulptur, einen Flügel, viele Schrank- und Türbeschläge aus der Zeit von 1891 bis 1910. Schon beim nächsten Besuch war alles weg. Sogar Jugendstillampen aus der „Villa Claire", die während der Sanierung in einem Tresor in der Waschküche aufbewahrt wurden, waren vor Dieben nicht sicher. Der Tresor wurde eines Nachts aufgeschweißt und der kostbare Inhalt mitgenommen. Damals suchte die Stadt Bad Schwalbach einen Pächter für das 38 Hektar große Areal mit den denkmal-geschützten Gebäuden, deren Inventar man kurioserweise nicht vor Langfingern schützte.

Obwohl Schwind eigentlich einen Job in München antreten wollte, baute er für den Frankfurter „Verein für Jugendberatung und Jugendhilfe das „Therapiedorf Villa Lilly" mit auf. Der erste Patient, der am 5. Oktober 1987 in das „Therapiedorf Villa Lilly" kam, war ein gelernter Metzger namens Andreas aus Wiesbaden. Er traf mit zwei Plastiktüten ein und arbeitete später in der Küche. Fortan zahlte der Trägerverein pro Patient und Tag einen Pachtzins, bis er den gesamten Komplex 2012 erwerben konnte. Die als Therapeuten tätigen Handwerker und ihre Patienten halfen bei der Instandhaltung des denkmal-geschützten Besitzes. Beim „Therapiedorf Lilly" handelt es sich um eine der bundesweit größten stationären Einrichtungen zur medizinischen Rehabilitation für drogen- und mehr-fachabhängige Patienten.

Bei der Sanierung von Gewächshäusern auf dem Areal des „Therapiedorfes Lilly" hat man einen Unterkieferknochen von einem kleinen Alligator gefunden. Der heutige Hühnerstall hatte einst als Voliere für Papageien und andere exotische Tiere gedient.

1989 produzierte Ulf von Mechow den 90 Minuten dauernden Dokumentarfilm „Villa Lilly oder der Bierkönig" (Orginaltitel: „Adolphus Busch – Fragmente eines amerikanischen Traums"). In dem Streifen kam auch die Tochter des ehemaligen Obergärtners Anton Majer, der einst mit seiner Familie im „Haus Flora" gewohnt hat, zu Wort. Majer pflegte mit seinen Dienstherrn freundschaftliche Kontakte.

2008 wurde das gesamte Ensemble bei Lindschied gemäß der „Haager Konvention" vom „Landesamt für Denkmalpflege" als schutzwürdiges Kulturgut eingestuft. 2018 existierten dort 85 Betten, die auf fünf Behandlungshäuser verteilt sind, sowie zehn Plätze für Kinder bis zu sechs Jahren. Außer den Behandlungshäusern gibt es einen Kindergarten, eine Schreinerei, eine Elektrowerkstatt, eine Bäckerei, eine Schlosserei, ein Gewächshaus, einen Bauhof, eine Scheune und Stallungen. In manchen Berichten über das „Therapiedorf Villa Lilly" wird die Vermutung geäußert, „Lilly" und Adolphus Busch würden, wenn sie noch lebten, die heutige Verwendung ihrer ehemaligen Sommerresidenz bei Lindschied im Taunus begrüßen. Wohl wahr. Das Ehepaar hatte selbst einen behinderten Sohn sowie stets ein Herz für Waisenkinder und behinderte Kinder.

Der Journalist Hendrik Jung berichtete am 30. August 2017 im „Wiesbadener Tagblatt" über den Altbaumbestand im zentralen Bereich mit historischen Bauten der „Villa Lilly", der eine Fläche von rund sieben Hektar umfasst. Dort standen damals noch rund 90 Altbäume, die von 1891 bis 1913 unter der Regie von Adolphus Busch gepflanzt wurden. Einer dieser Altbäume ist eine etwa 40 Meter hohe Douglasie unmittelbar neben der „Villa Lilly". Das „botanische Erbe" Busch's wird von dem Gärtner und zertifizierten Baumkontrolleur Martin Pfannekuch in Kooperation mit externen Experten sowie mit

Unterstützung der bei ihm in der Arbeitstherapie befindlichen Klienten/innen des „Therapiedorfes Villa Lilly" betreut. Bei seinen Entscheidungen lässt sich Pfannekuch vom Sachverständigenbüro „Pro Habitus" beraten. So lange es Sinne mache und keine Gefahr für Leib, Leben oder Gebäude bestehe, werde versucht, den Altbaumbestand zu erhalten, versicherte der Baumpfleger Marcus Bauer.

Eine Idee des Sozialpädagogen, Gestaltungs- und Psychotherapeuten Schwind, die im „Jahrbuch des Rheingau-Taunus-Kreises 2018" erwähnt wurde, wäre es wert, realisiert zu werden. Er schlug vor, einen Adolphus-Busch-Gedächtnispfad über das Gelände der „Villa Lilly" anzulegen.

# Das Ende von „Anheuser-Busch"

Nach weniger als anderthalb Jahren Amtszeit als Vorstands-vorsitzender von August IV (August Adolphus Busch IV) kursierten Gerüchte, die belgisch-brasilianische „InBev-Gruppe" versuche, das Unternehmen „Anheuser-Busch" zu kaufen. Im April 2008 erklärte August IV den Biervertreibern, „Anheuser-Busch" werde in seiner Ära nicht verkauft.

Die Aktie von „Anheuser-Busch" schloss am 30. April 2008 bei 49,20 US-Dollar. „InBev" bot im Juni 2008 pro Aktie 65 US-Dollar an. Außer „Anheuser-Busch" lehnten auch viele Politiker und Gewerkschafter in den USA die „feindliche Übernahme" ab. Vor dem Angebot von „InBev" war die Aktie von „Anheuser-Busch" nie höher als 51,97 US-Dollar gestiegen.

Irgendwann verbesserte „InBev" sein Angebot auf 70 US-Dollar pro Aktie und der Verwaltungsrat von „Anheuser-Busch" sagte zu. Der Gesamtkaufpreis entsprach rund 52 Milliarden US-Dollar. Am 13. Juli 2008 erfolgte der Verkauf von „Anheuser-Busch" an „InBev". August IV war der letzte der Familie Busch, der das Unternehmen kontrollierte.

Presseberichten zufolge war der Anteil der Familie Busch an dem Unternehmen „Anheuser-Busch" im Laufe der Zeit stark geschrumpft. August III, der Enkel des aus Kastel stammenden deutsch-amerikanischen „Bier-Königs" Adolphus I, verfügte zum Zeitpunkt der Übernahme nur über 1,2 Prozent der Aktien. Insgesamt besaß die Familie Busch lediglich 4 Prozent des Unternehmens und war nicht der größte Aktionär des Unternehmens. Das britische Finanzunternehmen „Barclay" hatte 6 Prozent und die amerikanische Holdinggesellschaft „Berkshire Hathaway" 5 Prozent.

*Amerikanisches und tschechisches „Budweiser" zusammen im Regal.*
*Foto: Dorisall at English Wikipedia / CC-BY-SA3.0*
*(via Wikimedia Commons),*
*lizensiert unter CreativeCommons-Lizenz by-sa-3.0-en,*
*https://creativecommons.org/licenses/by-sa/3.0/legalcode*

„Anheuser-Busch" verlieh August IV nach dem Verkauf an „InBev" den Titel eines nicht-exekutiven Direktors und gab ihm einen Vertrag als Berater, der bis Dezember 2013 lief. Der Deal brachte August IV 100 Millionen US-Dollar ein. Außerdem erhielt er einen Sitz im Verwaltungsrat von „InBev" für drei Jahre, 10,35 Millionen US-Dollar im Voraus, monatlich 120.000 US-Dollar Beratungsgebühren sowie ein Team für seine persönliche Sicherheit.

Im Oktober 2016 übernahm „Anheuser-Busch InBev" seinen größten Konkurrenten, den britischen Konzern „SABMiller", für rekordverdächtige 96 Milliarden Euro. Damit wollte man die Präsenz in Afrika ausbauen und hoffte auf ein deutliches Wachstum. „SABMiller" war erst wenige Jahre zuvor 2012 durch eine Fusion von „South African Breweries" („SAB") mit der seit 1895 bestehenden „Miller Brewing Company" in Woking (Großbritannien) entstanden. Als 1914 das Gerücht aufkam, „Anheuser-Busch InBev" sei daran interessiert, „SABMiller" aufzukaufen, machte dieser britische Konzern ein Übernahmeangebot an seinen niederländischen Kon-kurrenten „Heineken N. V.", um sich durch Wachstum vor der Über-nahme zu schützen. Doch „Heineken N. V." lehnte das Kaufangebot nach Rücksprache mit seinem größten Aktionär ab.

Laut Online-Lexikon „Wikipedia" galt „Anheuer-Busch InBev" 2017 mit einem Absatzvolumen von 612,5 Millionen Hektolitern Bier weltweit als führende Brauereigruppe. Das Unternehmen beschäftigt über 180.000 Mitarbeiter und ist mit mehr als 500 Marken in über 100 Ländern vertreten. Zu den zehn weltweit größten Brauereigruppen nach Bierausstoß in Millionen Hektolitern gehörten – laut „Wikipedia" – am 31. Dezember 2017:

1. Anheuser-Busch InBev NV/SA, Belgien, 612,5 Millionen Hektoliter, Marktanteil 31,4 Prozent

2. Heineken N. V., Niederlande, 218 Millionen Hektoliter, Marktanteil 11,2 Prozent

3. China Resources Breweries Ltd., Volksrepulik China, 126 Millionen Hektoliter, Marktanteil 6,5 Prozent

4. Carlsberg A/S, Dänemark, 113,4 Millionen Hektoliter, Marktanteil 5,8 Prozent

5. Molson Coors Brewing Company, Kanada/Vereinigte Staaten, 99,6 Millionen Hektoliter, Marktanteil 5,1 Prozent

6. Tsingtao Brewery Co., Ltd., Volksrepublik China, 78 Millionen Hektoliter, Marktanteil 4,0 Prozent

7. Asahi Beer, Japan, 58,2 Millionen Hektoliter, Marktanteil 3,0 Prozent

8. Beijing Yangjing Beer Company Ltd., Volksrepublik China, 43 Millionen Hektoliter, Marktanteil 2,2 Prozent

9. Société des Brasseries et Glacières Internationales, Frankreich, 38,8 Millionen Hektoliter, Marktanteil 2,0 Prozent

10. Kirin Beer K. K., Japan, 29,9 Millionen Hektoliter, Marktanteil 1,5 Prozent

Deutsche Brauereigruppen fand man auf den hinteren Rängen:

20. Radeberger Gruppe, 11,5 Millionen Hektoliter, Marktanteil 0,6 Prozent

24. Oettinger, 8,6 Millionen Hektoliter, Marktanteil 0,4 Prozent

26. TCB Holding, 8,5 Millionen Hektoliter, Marktanteil 0,4 Prozent

30. Bitburger Holding, Deutschland, 6,8 Millionen Hektoliter, Marktanteil 0,3 Prozent

32. Krombacher, Deutschland, 6,1 Millionen Hektoliter, Marktanteil 0,3 Prozent

33. Paulaner Gruppe, 5,7 Millionen Hektoliter, Marktanteil 0,3 Prozent

38. Warsteiner Brauerei, 3,8 Millionen Hektoliter, Marktanteil 0,2 Prozent

Die Weltbierproduktion betrug 2017 insgesamt 1.952 Millionen (1,992 Milliarden) Hektoliter.

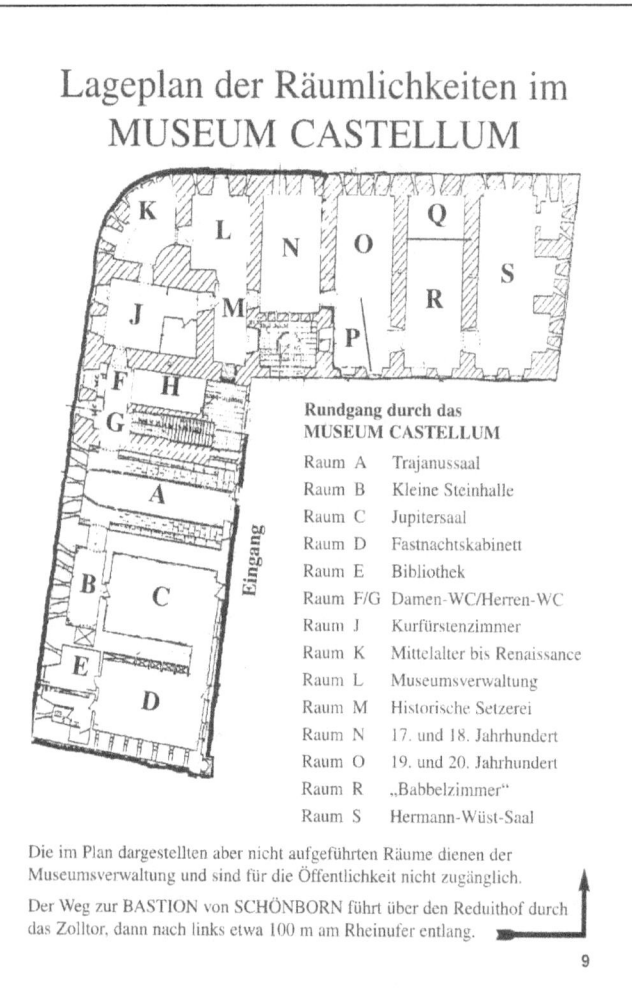

# Lageplan der Räumlichkeiten im
# MUSEUM CASTELLUM

**Rundgang durch das
MUSEUM CASTELLUM**

| | |
|---|---|
| Raum A | Trajanussaal |
| Raum B | Kleine Steinhalle |
| Raum C | Jupitersaal |
| Raum D | Fastnachtskabinett |
| Raum E | Bibliothek |
| Raum F/G | Damen-WC/Herren-WC |
| Raum J | Kurfürstenzimmer |
| Raum K | Mittelalter bis Renaissance |
| Raum L | Museumsverwaltung |
| Raum M | Historische Setzerei |
| Raum N | 17. und 18. Jahrhundert |
| Raum O | 19. und 20. Jahrhundert |
| Raum R | „Babbelzimmer" |
| Raum S | Hermann-Wüst-Saal |

Die im Plan dargestellten aber nicht aufgeführten Räume dienen der
Museumsverwaltung und sind für die Öffentlichkeit nicht zugänglich.

Der Weg zur BASTION von SCHÖNBORN führt über den Reduithof durch
das Zolltor, dann nach links etwa 100 m am Rheinufer entlang.

9

*An einer Wand in „Raum N" des „Museum Castellum"
in der ehemaligen Kasteler Rheinfestung Reduit
wird mit einer kleinen Ausstellung an Adolphus Busch erinnert.
Bild: Archiv Gesellschaft für Heimatgeschichte Kastel e. V. 1980*

# Erinnerungen in der Heimat

Das sehenswerte „Museum Castellum" in der ehemaligen Kasteler Rheinfestung Reduit erinnert an einer Wand in „Raum N" an Adolphus Busch. Die dort gezeigten Schaustücke (indianische Friedenspfeife mit Köcher, Reisekiste mit dem Namen „A. Busch" und Büste von Adolphus) wurden von Renate Schwaben, einer zusammen mit ihrem Ehemann Manfred Schwaben in Mainz-Kastel lebenden Nachfahrin von Anton Baptist Busch, der „Gesellschaft für Heimatgeschichte Kastel e. V. 1980" („GHK") überlassen.

Entgegen anderslautender Behauptungen stammen die Friedenspfeife mit Köcher und die Reisekiste im „Museum Castellum" nicht von Adolphus Busch, sondern von seinem Bruder Anton Baptist, der aus den USA nach Kastel zurückgekehrt und erfolgreich im Weinhandel tätig war. Aus der handschriftlichen Notiz auf einem Zettel geht hervor, dass der Köcher der Friedenspfeife aus dem „Fort Washakie" in Wyoming kommt und von der Frau des Häuptlings „Chief Washakie" (1804–1900) der Shoshonen-Indianer angefertigt wurde.

„Chief Washakie" gilt wegen seiner Tapferkeit beim Kampf für Frieden und Wohlergehen seines Volkes als einer der angesehensten Führer in der Geschichte der Indianer. Weil er erkannte, dass der Vormarsch der Weißen nicht gestoppt werden könne, sicherte er durch Verhandlungen mit dem US-Militär ein Gebiet von etwa 1,2 Millionen Hektar in Wyoming für die Shoshonen. Heute ist dieses Gebiet die „Wind River Indian Reservation". Nach „Chief Washakie" wurde 1879 das „Fort Washakie" benannt.

Auf dem Boden von „Fort Washakie" befinden sich die Gräber von Häuptling „Chief Washakie" und der Indianerin Sacajawea,

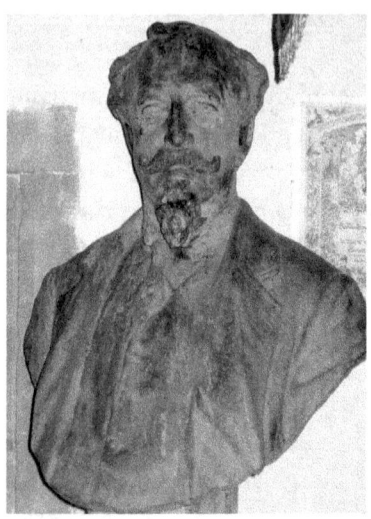

*Büste von Adolphus Busch
im „Museum Castellum"
in Mainz-Kastel.
Foto: Ernst Probst,
Mainz-Kostheim*

*Gemälde des Ochsenbrunnens im „Museum Castellum".
Foto: Ernst Probst, Mainz-Kostheim*

*Reisekiste mit dem Namen „A. Busch" im „Museum Castellum".*
*Foto: Archiv Gesellschaft für Heimatgeschichte Kastel e. V. 1980*

---

RAUM **N** ADOLPHUS BUSCH                    MUSEUM CASTELLUM

## „Sagenhafte" Karriere des Kastelers Adolphus Busch in Amerika

Vor mehr als 160 Jahren wurde in Kastel ein Mann geboren, der im fernen Amerika einen kometenhaften Aufstieg zum Chef der größten Bierbrauerei der Welt schaffte. Sein Name: Adolphus Busch. Er wurde am 10. Juli 1839 als jüngstes von 21 Kindern der Familie Busch geboren. Seine Lebensgeschichte liest sich wie ein Roman.

Im Jahre 1857 verläßt er, kaum 18 Jahre alt, seine Heimat, um in Amerika sein Glück zu machen. Als er in St. Louis ankommt, befinden sich die Vereinigten Staaten von Amerika gerade auf ihrem historischen Marsch nach Westen. Aus Adolphus Busch wird der „Soldier Busch" in der Unionsarmee der Nordstaaten, und muß sich mit Indianern und Pferdedieben herumschlagen. Als er schließlich einer Gruppe von Indianern trotz eines Überfalls das Leben rettet, bekommt er zum Dank für diese Tat von einem Häuptling der Shoshonie-Indianer eine Friedenspfeife geschenkt.

Busch quittiert seinen Dienst in der Armee. Bald erkennt er die Zeit der Verwirklichung seiner Träume. Er gründet 1859 ein Großhandelsunternehmen nachdem ihm seine elterliches Erbe ausgezahlt worden war. In dieser Zeit lernt er Lilly Anheuser kennen, die aus Bad Kreuznach stammte, und deren Eltern in St. Louis eine kleine Brauerei betrieben. Er heiratet die 17jährige Lilly im Jahre 1861.

Schwiegervater Eberhard machte bald danach Adolphus Busch das Angebot, in die Geschäftsleitung der Brauerei Anheuser einzutreten. Busch schafft es, nach einem weiteren Jahrzehnt daraus die größte Bierproduktion von ganz Amerika zu erzielen.

Seine Heimatgemeinde Kastel vergisst er nie. Als 1862 ein verheerendes Hochwasser des Rheins auch Kastel heimsucht, schickt Busch große Geldspenden für die notleidende Bevölkerung. Im Jahre 1902 läßt er die Quelle des Ochsenbrunnens in der Gemarkung fassen, und mit einem fast monumentalen Gewölbe ausbauen.

Zu seinen Freunden und Gästen zählten gekrönte Häupter und führende Persönlichkeiten der ganzen Welt. Wenn er verreiste, tat er dies im Salonwagen, der ihn selbst auf seinen Schiffsreisen begleitete, und hier auf die Eisenbahnschienen gesetzt wurde.

Besonders in den Sommermonaten lebte er gerne mit seiner Frau in der nach ihr benannten „Villa Lilly". Am 10. Oktober 1913 verstarb er in dieser Villa. Sein Sarg wurde per Bahn und Schiff im Salonwagen nach St. Louis gebracht, wo er beigesetzt wurde. Alle Relikte und Utensilien, die über Adolphus Busch im Museum Castellum zu sehen sind, wurden freundlicherweise von der Nachkommenschaft des Hauses Wagner-Schwaben der GHK zur Verfügung gestellt. Alle Bemühungen der GHK mit den nachfolgenden Generationen von Adolphus Busch in den USA auch persönlichen Kontakt aufzunehmen, führten bisher zu keinem Erfolg.

*Eine Büste von Adolphus Busch, seine Armeekiste und die vom Häuptling der Shoshonie verehrte Friedenspfeife sind bemerkenswerte Erinnerungen an einen Kasteler Bürger, der in Amerika sein Glück machte, und durch sein Geschick und sein Können die Brauerei Anheuser-Busch zur größten Brauerei der Welt aufsteigen ließ.*

32                                          33

*Artikel über Adolphus Busch*
*im „Leitfaden durch die Kasteler Geschichte" (2000)*

*Häuptling „Chief Washakie" (1804–1900) der Shoshonen-Indianer.*
*Foto: Baker and Johnston – National Anthropological Archives,*
*Smithsonian Institution, SPC Basin Shoshoni BAE 4423 #35-40*
*00869600 (via Wikimedia Commons), Lizenz: gemeinfrei*

*Shoshonen-Indianerin Sacajawea (1787–1812),*
*die wertvolle Hilfe bei der legendären „Lewis-and-Clark-Expedition"*
*vom 14. Mai 1804 bis zum 23. September 1806 leistete.*
*Zeichnung: Antje Püpke, Berlin, www.fixebilder.de*

*Johannes Westerkamp verfasste während seines Studiums*
*in Amerikanistik, Politik und Publizistik*
*an der „Johannes-Gutenberg-Universität Mainz"*
*seine faktenreiche Magisterarbeit mit dem Titel „Prinz Busch:*
*Studien zum Leben und Wirken des Deutsch-Amerikaners*
*Adolphus Busch" (1991). Foto: Privatarchiv Westerkamp*

die wertvolle Hilfe bei der legendären „Lewis-und-Clark-Expedition" vom 14. Mai 1804 bis zum 23. September 1806 leistete. Die nach den weißen Anführern benannte Expedition" zum Pazifik und zurück bewältigte eine Gesamtstrecke von etwa 7.000 Meilen (über 13.000 Kilometer), knüpfte mit mehr als 50 Indianerstämmen Kontakte und entdeckte über 200 bis dahin unbekannte Pflanzenarten und 122 neue Tierarten. Dank der von den Captains Meriwether Lewis (1774–1809) und William Clark (1770–1838) angefertigten Landkarten konnten sich künftige Pioniere und Pelztierjäger bei Vorstößen in vorher unbekannte Gegenden nun im Westen orientieren.

Im Großherzogtum Hessen-Darmstadt, zu dem der Geburtsort von Adolphus Busch von 1816 bis 1918 gehörte, wusste man dessen große Leistungen zu schätzen. Großherzog Ernst Ludwig von Hessen und bei Rhein verlieh „Adolphus Busch aus Mainz-Kastel, Großbrauereibesitzer zu St. Louis, Staat Missouri, Vereinigte Staaten von Amerika" am 10. Juli 1909 kurz vor seinem 70. Geburtstag in Karlsbad den Titel „Geheimer Kommerzienrat". Kommerzienrat ist ein Ehrentitel, der im „Deutschen Reich" vor allem bis 1919 an Persönlichkeiten der Wirtschaft verliehen wurde. Die Ehrung erfolgte erst nach erheblichen „Stiftungen für das Gemeinwohl". Als nächsthöhere Stufe galt der Titel „Geheimer Kommerzienrat", der den Geehrten „hoffähig" machte. Dem solcherart Geehrten, seiner Gattin und seinen Töchtern gewährte man fortan Zugang zum gesellschaftlichen Leben am Fürstenhof. Viel Arbeit, Zeit und Geld investierte der in Gerolstein geborene und in Ginsheim wohnende Johannes Westerkamp während seines Studiums in Amerikanistik, Politik und Publizistik an der „Johannes-Gutenberg-Universität Mainz" in seine Magisterarbeit mit dem Titel „Prinz Busch: Studien

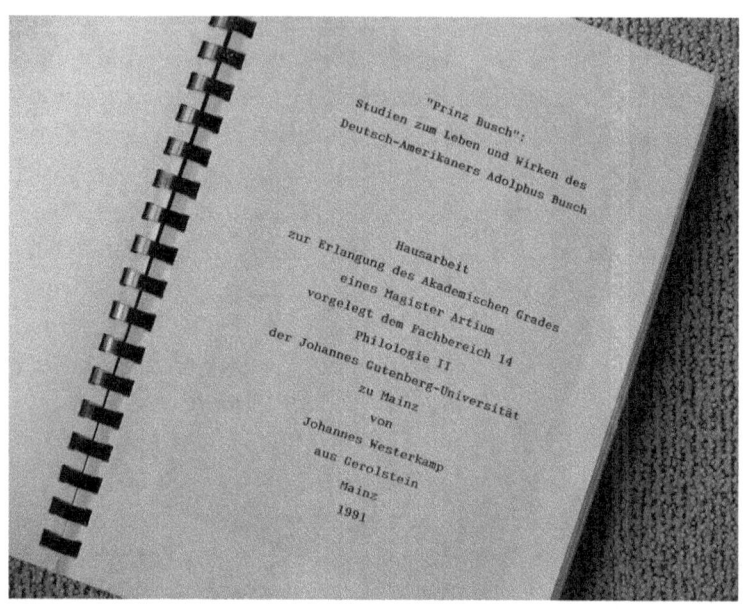

*Titel der Magisterarbeit „Prinz Busch:*
*Studien zum Leben und Wirken des Deutsch-Amerikaners*
*Adolphus Busch" (1991) von Johannes Westerkamp.*
*Foto: Ernst Probst, Mainz-Kostheim*

zum Leben und Wirken des Deutsch-Amerikaners Adolphus Busch". Dieses 1991 innerhalb der Serie „Gutenberg-Stipendium" erschienene, 215 Blätter umfassende Werk wird unter der Signatur „Zg. 1992 24,14" in der Dienstbibliothek des „Stadtarchivs Mainz" aufbewahrt. Westerkamp besuchte Archive und Bibliotheken, studierte Geburts-, Heirats- und Sterberegister, Briefe, Bücher, Zeitungen und Zeitschriften, führte Interviews und recherchierte vier Wochen lang in St. Louis, dem Stammsitz der Brauerei „Anheuser-Busch". Langwierige Gespräche führte er mit dem Weingutbesitzer Egon Anheuser (1912–2009) aus Bad Kreuznach, dem Patenkind von Adolphus Busch, Carola Wagner-Wallenstein aus Mainz-Kastel, der Enkelin von Anton Baptist Busch, Lina Embs aus Wicker, der Tochter von Heinrich Busch, Anna Kettenbach, der Tochter des Obergärtners, und dem Sohn Joseph Sommer des Hausmeisters der „Villa Lilly", dem Bad Schwalbacher Friseur Louis Eschenauer von „Lilly" Busch und der Archivarin Kläre Kluge des Stadtarchivs Bad Schwalbach. Der nach seinem Studium als Journalist tätige Westerkamp ließ sich 2011/2012 in Potsdam zum zertifizierten Gästeführer/Reiseleiter ausbilden. Heute arbeitet er als Gästeführer. Mit seiner Firma „Terra Incognita Tours" bietet er in Berlin, Potsdam und der Mark Brandenburg selbst entwickelte Tagestouren mit zumeist historischem Hintergrund mit seinem VW-Bus an. Zudem ist er als Tourguide für „Potsdam Tourismus" und als Schlossführer für die „Stiftung Preußische Schlösser und Gärten Berlin-Brandenburg" tätig. Er besitzt Führungslizenzen für Schloss Sanssouci, Bildergalerie, Neues Palais, Neue Kammern, Park Sanssouci, Marmorpalais, Schloss Cecilienhof, Neuer Garten, Schloss Charlottenburg, Schlossgarten Charlottenburg, Jagdschloss Grunewald, Schloss Ca-

*Kulturschaffender,*
*Heimatforscher und Publizist*
*Fritz Diehl (1924–2014).*
*Foto: Gesellschaft*
*für Heimatgeschichte Kastel*
*e. V. 1980*

puth, Schloss Oranienburg, Schloss Paretz, Filmpark Babelsberg, und Gedenkstätte Sachsenhausen. Über seine Firma „Terra Incognita Tours" informiert die Internetseite www.terra-incognita.com

Im von der „Gesellschaft für Heimatgeschichte Kastel e. V. 1980" herausgegebenen „Leitfaden durch die Kasteler Geschichte" (2000) befasst sich das Kapitel „Sagenhafte Karriere des Kasteler Adolphus Busch in Amerika" auf den Seiten 32 und 33 mit dem berühmtesten Sohn von Mainz-Kastel. Die auf dem dazugestellten Foto zu sehenden Ausstellungsstücke sind inzwischen anders angeordnet. Für die Redaktion dieser Publikation zeichnete der Heimatforscher Fritz Diehl verantwortlich. Der letzte Satz im Kapitel über den „Bier-König" lautet: „Alle Bemühungen der GHK mit den nachfolgenden Generationen von Adolphus Busch in den USA auch persönlichen Kontakt aufzunehmen, führten bisher zu keinem Erfolg". So ist es kein Wunder, dass man bislang im „Museum Castellum" noch nichts von Adolphus selbst zeigen konnte.

Auf dem Friedhof an der Boelckestraße in Mainz-Kastel existiert noch immer das Grabmal der Eltern von Adolphus Busch. Die Inschrift lautet:

„Ruhestätte der Familie

Ulrich Busch

Barbara Busch

geborene Pfeiffer

geb. den 5. April 1797

gest. den 12. März 1844

Zum ewigen Frieden folgte der Gatten

Ulrich Busch

geboren den 6. Dezember 1779

gestorben den 4. Juli 1852".

*Grabmal der Eltern von Adolphus Busch*
*mit großem Engel*
*auf dem Friedhof an der Boelckestraße in Mainz-Kastel.*
*Foto: Ernst Probst, Mainz-Kostheim*

*Inschrift des Grabmals der Eltern*
*von Adolphus Busch*
*auf dem Friedhof an der Boelckestraße in Mainz-Kastel.*
*Foto: Ernst Probst, Mainz-Kostheim*

„Schützenhof" in der ehemaligen Schützenstraße
(heute: Rochusplatz) von Kastel.
Über dem Erdgeschoss hängen drei imposante Geweihe
von amerikanischen Wapiti-Hirschen.
Auf der Fensterbank in der Bildmitte sitzt
Carola Wagner (1907–1993),
die Enkelin von Anton Baptist Busch,
eines älteren Bruders von Adolphus Busch.
Foto: Archiv Gesellschaft für Heimatgeschichte Kastel
e. V. 1980

Dieses Grab ist einst viel imposanter gewesen als das heutige hohe Grabmal mit dem großen Engel, weiß Renate Schwaben aus Mainz-Kastel. Ihre Mutter Carola Wagner-Wallenstein (6. Juli 1907 geboren, 24. September 1993 gestorben) war die Enkelin von Anton Baptist Busch, der als einziger der vier ausgewanderten Busch-Brüder aus den USA nach Kastel zurückkehrte und dort 1861 eine Familie gründete. Das große Kasteler Familiengrab der Busch wurde einst von einer an Pfosten befestigten Kette umrandet. Diese Kette aus wertvollem Metall fiel irgendwann dreisten Dieben zum Opfer.

Auf einem um 1910 entstandenen Foto ist der „Schützenhof" in der ehemaligen Schützenstraße (heute: Rochusplatz) zu sehen. Rechts oben neben dem Eingang erkennt man die Hausnummer 1. Über dem Erdgeschoss hängen drei imposante Geweihe von amerikanischen Wapiti-Hirschen. Auf einer Fensterbank sitzt die kleine Carola und wird von einer erwachsenen Frau gehalten. Aus einem anderen Fenster im Erdgeschoss sehen zwei erwachsene Frauen und steht ein Mann mit Hut auf der Straße, der sich mit der linken Hand am Fensterbrett festhält. Diese historische Aufnahme ist auf Seite 85 im Bildband „2000 Jahre Kastel in Wort und Bild" (1989) von Fritz Diehl veröffentlicht.

Carola Wagner-Wallenstein diente den amerikanischen Autoren Peter Hernon und Terry Ganey für ihr Buch „Under the Influence. The Unauthorized Story of the Anheuser-Busch Dynasty" (1991) in Kastel als Interviewpartnerin und ist in jenem Werk erwähnt. Hernon arbeitete als Editor für die „Chicago Tribune" und zuvor als Reporter für die „St. Louis Post-Dispatch". Nach Ansicht von Hernon und Ganey können vielleicht nur die Kennedys, was die Tragödien betrifft, mit der Anheuser-Busch-Dynastie konkurrieren.

*Grottenartiges Gewölbe über der Quelle des Ochsenbrunnens*
*in der Gemarkung Kastel,*
*das 1902 auf Kosten von Adolphus Busch und seines Bruders Ulrich*
*errichtet wurde, im November 2018.*
*An der offenen Türe steht Toni Kaiser,*
*der Vorsitzende des Kasteler Angelsportvereins „Früh Auf".*
*Der Angelsportverein hat sich als Pate für das Denkmal*
*verdient gemacht.*
*Foto: Ernst Probst, Mainz-Kostheim*

Das 1902 auf Kosten von Adolphus Busch und seines Bruders Ulrich errichtete grottenartige Gewölbe über der Quelle des Ochsenbrunnens in der Gemarkung Kastel befand sich ein Jahrhundert später in schlechtem Zustand. Immer wieder wüteten dort Vandalen und sorgten für unrühmliche Schlagzeilen in der Lokalpresse und im Internet. Im Gewölbe über der Ochsenbrunnen-Quelle hat man mehrfach Feuer entzündet und davor die Bachquelle beschädigt. Wiederholt renovierten der Kasteler „BMW-Club", Privatleute und der Kasteler Angelsportverein „Früh Auf", der sich als Pate für das Denkmal verdient gemacht hat, den Ochsenbrunnen. Mitglieder des Angelsportvereins befassten sich 2012 im Rahmen seiner Bachpatenschaft, die er für das städtische Umweltamt ausführte, mit dem Gewölbe. Dabei legten sie ein verschüttetes, in Sandstein gefasstes Abflussprofil frei und tünchten am 5. Mai 2012 die Grotte sorgfältig weiß und rot. Auf Fotos dieser lobenswerten Aktion sieht man ein massives Gitter, das ungebetenen Gästen den Zutritt in die Grotte verwehrt. Ende November 2018 besuchte der Autor Ernst Probst zusammen mit Toni Kaiser, dem Vorsitzenden des Kasteler Angelsportvereins „Früh Auf" das Gewölbe des Ochsenbrunnens, um es zu fotografieren. Erfreulicherweise waren sowohl das Gewölbe mit Tisch in der Mitte, Bänken an beiden Längsseiten und die munter sprudelnde Quelle in bestem Zustand. An der Rückwand des Gewölbes hing eine Tafel mit gut lesbarer Inschrift.

Der „Wiesbadener Kurier" veröffentlichte am 14. Dezember 2006 einen Artikel mit der Überschrift „Kasteler Spuren im Bier-Imperium – Krug als Museumsexponat / Erinnerung an den Brauerei-Gründer Busch". Es ging darum, dass die Journalistin des internationalen Magazins „Drive", Doris

*Inschrift „Erbaut 1902 von Adolphus Busch*
*Veni Vidi Vici" im Gewölbe über der Quelle des Ochsenbrunnens*
*in der Gemarkung Kastel.*
*Foto: Ernst Probst, Mainz-Kostheim*

Pospischil", beim stellvertretenden Leiter der Ortsverwaltung Kastel/Kostheim, Detlev Esser, um eine Kopie der Eintragung über die Geburt von Adolphus Busch aus dem Standesamt Kastel gebeten hatte. Die Journalistin wollte diese Kopie zu einem verabredeten Interview mit dem Manager Steve Burrows von „Anheuser-Busch" mitbringen. Als sich Esser mit der Bitte um weitere Unterlagen über die Zeit von Adolphus in Kastel an den Heimatforscher Fritz Diehl wandte, erhielt er ein Exemplar des „Leitfaden durch die Kasteler Geschichte", der sich auf zwei Seiten mit dem „Bier-König" befasst. Esser überließ der Journalistin die gewünschte Kopie und den „Leitfaden durch die Kasteler Geschichte". Das vereinbarte Interview mit Burrows vor Ort in St. Louis kam wegen eines kurzfristigen anderen Termins von Burrows nicht zustande. Frau Pospischil glaubt heute: „Soweit ich mich erinnere, haben wir das Interview dann „kalt" gemacht". Als Notlösung verfasste man also das Interview mithilfe von Material aus dem Archiv. Die Kopie der Geburtsurkunde aus Kastel sei aber persönlich in St. Louis übergeben worden. Doris Pospischil war beeindruckt von der blitzsauberen Brauerei und den „Bierrössern", für die ein Extrastall als Rondell oder Oktagon errichtet wurde. Nach dem missratenen Besuch in der Chefetage von „Anheuser-Busch" meldete sich Pospischil wieder in Kastel. Die Vorstandsspitze der „Gesellschaft für Heimatgeschichte Kastel e. V. 1980" („GHK") empfing die Journalistin im „Museum Castellum". Dort tauschte man sich angeregt über das Leben und Wirken von Adolphus Busch von Kastel bis St. Louis aus. Erfreut erfuhr man bei der „GHK", die Geschichte der Familie von Adolphus Busch werde im Konzern von einer eigens hierfür beauftragten Mitarbeiterin betreut. Zum Dank für die Hilfsbereitschaft überreichte die

*Karl-Heinz Kues,*
*Vorsitzender der „Gesellschaft für Heimatgeschichte Kastel*
*e. V. 1980" („GHK")..*
*Foto: Archiv GHK*

Journalistin dem „GHK"-Vorsitzenden Karl-Heinz Kues einen attraktiven Original-Bierkrug von „Anheuser-Busch" für das „Museum Castellum". Detlev Esser erhielt ein Weinpräsent und Fritz Diehl einen Bildband über St. Louis.

Wie vielerorts üblich, handelt man vermutlich auch in Mainz-Kastel gemäß der Spruchweisheit: „Der Prophet gilt nichts im eigenen Land". Nur so ist es zu erklären, dass man den 100. Geburtstag am 10. Juli 1939, den 150. Geburtstag am 10. Juli 1989, den 50. Todestag am 10. Oktober 1963 und den 100. Todestag am 10. Oktober 2013 von Adolphus Busch in seiner Heimat nicht gebührend gewürdigt hat. Vielleicht wacht man am 10. Juli 2039 endlich auf, wenn der 200. Geburtstag ansteht. Zumindest die in Mainz und Wiesbaden erscheinenden Zeitungen berichten immer wieder über Adolphus.

Zwei Wochen vor dem Festakt des 30-jährigen Bestehens des Therapie-Dorfes „Villa Lilly" bei Lindschied im Jahre 2017 tauchte eine Büste von Adolphus Busch wieder auf. Das vermutlich 1916 nach dem Tod von Adolphus entstandene Kunstwerk hatte jahrelang auf einem großen Grundstück im Aartal gestanden, bevor es nach Lindschied zurückkehrte.

Über Eberhard Anheuser, Adolphus Busch und andere Bierbrauer informierte „SWR Fernsehen" am 2. Oktober 2018 in dem 90-minütigen Film „Die Bier-Pioniere. Wie deutsche Braukunst in Amerika reüssierte". Darin ging es auch um Frederick Miller (1824–1888), Geburtsname Friedrich Eduard Johannes Müller, aus Riedlingen (Württemberg) und David Gottlob Yuengling (1808–1877), Geburtsname Jüngling, aus Aldingen (heute ein Ortsteil von Remseck am Neckar). Davon war zum Zeitpunkt der Ausstrahlung nur noch Yuengling zu 100 Prozent in Familienbesitz. Die anderen wurden an große Getränkekonzerne verkauft.

David G. Yuengling
1808-1877

*Deutscher Bier-Pionier David Gottlob Yuengling (1808–1877),
Geburtsname Jüngling, aus Aldingen
(heute ein Ortsteil von Remseck am Neckar).
Foto: Undatiertes Foto eines unbekannten Fotografen*

In Bad Schwalbach, wo sich seit 1891 beim Stadtteil Lindschied die Sommerresidenz von Adolphus und „Lilly" Busch befand, erinnert die „Adolphus-Busch-Allee" an den genialen deutsch-amerikanischen Unternehmer. Im „Museum Bad Schwalbach" sind in einer Vitrine im Obergeschoss eine kleine Büste und der Ehrenbürgerbrief von Adolphus sowie eine Haarbürste und ein Handspiegel seiner Ehefrau „Lilly" ausgestellt.

Bad Kreuznach ehrte 2010 den Schwiegervater von Adolphus mit der „Eberhard-Anheuser-Straße". Mainz-Kastel, für das Adolphus Busch viel Gutes getan hat, erwies dem „Bier-König" bisher noch nicht die Ehre, eine Straße oder einen Platz im Ort oder im Gewerbegebiet nach ihm zu benennen oder an passender Stelle eine Gedenktafel anzubringen. Man sollte dies möglichst bald tun!

Ernst Probst und Doris Probst widmeten in ihrem im Dezember 2018 erschienenen Taschenbuch „6000 Jahre Kastel" dem Bier-König Adolphus Busch 21 Seiten. Bei den Recherchen für dieses insgesamt 694 Seiten umfassende Werk stießen sie in Artikeln und Büchern über Adolphus auf zahlreiche Irrtümer und Rätsel. So entstand die Idee, eine ausführlichere Biografie über den größten Sohn von Kastel zu schreiben, die seit Februar 2019 vorliegt.

Brauerei und Gasthaus „Zum Goldenen Anker"
an der Ecke Schützenstraße/Rathausstraße in Kastel.
Foto: Undatierte Aufnahme eines unbekannten Fotografen

# Daten und Fakten

10. Juli 1839: Adolphus Busch wird als 21. und vorletztes Kind des Gastwirts und Gutsbesitzers Ulrich Busch senior und dessen Ehefrau Barbara in Kastel am Rhein geboren. In der Geburtsurkunde ist Adolph als Vorname eingetragen.

12. Juli 1839: Adolphus wird in der katholischen Kirche „St. Georg" in Kastel getauft.

12. März 1844: Adolphus ist erst vier Jahre alt, als seine Mutter Barbara im Alter zwischen 42 und 46 Jahren an Erschöpfung stirbt.

23. Juni 1844: Der Vater von Adolphus heiratet zum drittenmal. Die Stiefmutter von Adolphus heißt Maria Thekla, geborene Fischer.

10. Juli 1852: Der Vater des zwölfjährigen Adolphus stirbt im Alter von 72 Jahren in Kastel.

1850er Jahre: Adolphus besucht vermutlich die „Großherzoglich-Hessische Provinzialrealschule" in Mainz, studiert an der Akademie in Darmstadt und an einer Brüsseler Hochschule. Zeitweise hilft er im Kasteler Holzhandel seiner Familie und in der Brauerei „Zum Goldenen Anker" eines Onkels in der Schützenstraße.

1856: Der 17-jährige Adolphus arbeitet bei einem Handelsunternehmen im Kölner Hafen.

1857: Adolphus fährt von Bremerhaven aus mit dem amerikanischen Raddampfer „North Star" nach Amerika, kommt am 22. Oktober 1857 in New York an und reist weiter nach St. Louis (Missouri).

1858: Adolphus arbeitet im Großhandelshaus des deutschen Einwanderers William Heinrichshofen in St. Louis im Flusshandel.

1859: Der 20-jährige Adolphus wird mit dem ausbezahlten väterlichen Erbteil Teilhaber der Großhandelsfirma für Brauereibedarf von Ernst Wattenberg.

11. März 1861: Der 21 Jahre alte Adolphus Busch heiratet die 16-jährige deutschstämmige Elisa („Lilly") Anheuser in der „German Evangelical Protestant Church of the Holy Ghost" in St. Louis. Es ist eine Doppelhochzeit: Sein Bruder Ulrich lässt sich am selben Tag in derselben Kirche mit der Schwester Anna von „Lilly" trauen.

8. Mai bis 18. August 1861: Adolphus gehört im „Amerikanischen Bürgerkrieg" (1861–1865) drei Monate lang der „Company E" des 3. Regiments des US-Reservecorps" an. Er wird im Rang eines Corporals entlassen.

1863 bis 1884: In dieser Zeit bekommen Adolphus I und „Lilly" insgesamt 14 Kinder, von denen einige früh sterben:

12. April 1863: Das erste Kind, die Tochter Nellie von Adolphus und „Lilly", wird in St. Louis geboren.

1864: Der erste Sohn Edward („Eddie") kommt in St. Louis zur Welt.

29. Dezember 1865: Der zweite Sohn August I kommt in St. Louis zur Welt.

10. Juli 1868: Der Sohn Adolphus II („Bulfy") wird in St. Louis geboren.

1869: Die in St. Louis geborene Tochter Alexis stirbt innerhalb eines Tages.

1869: Der Sohn Peter wird in St. Louis geboren.

1870: Die in St. Louis geborene Tochter Emilee stirbt innerhalb eines Tages.

27. September 1871: Die Tochter Edmée wird in St. Louis geboren.

7. Januar 1872: Erneut wird ein Sohn namens Peter in St. Louis geboren.

1873: Die Tochter Martha kommt in St. Louis zur Welt.

7. Februar 1875: Die Tochter Anna Louise („Tolie") wird in St. Louis geboren.

16. Mai 1876: Die Tochter Clara wird in St. Louis geboren.

1882: Der Sohn Carl („Charlie") kommt in St. Louis behindert zur Welt.

10. Januar 1884: Die Tochter Wilhelmina („Minnie") wird in St. Louis geboren.

1864: Auf Wunsch seines Schwiegervaters Eberhard Anheuser tritt der 25-jährige Adolphus Busch in die Geschäftsleitung des Brauhauses „Anheuser & Co." ein. In jenem Jahr wird er im „St. Louis Directory" neben Anheuser und William D'Oench als Eigentümer erwähnt.

1865: Adolphus Busch zahlt seinen Geschäftspartner Ernst Wattenberg aus und führt nun die Großhandelsfirma für Brauereibedarf unter dem Namen „Adolphus Busch & Co." alleine weiter.

19. Februar 1867: Adolphus Busch verzichtet darauf, ein Bürger des Großherzogtums Hessen-Darmstadt zu sein, zu dem sein Geburtsort Kastel gehört, und wird amerikanischer Staatsbürger.

1869: Adolphus Busch verkauft die Großhandelsfirma „Adolphus Busch & Co." und übernimmt von William D'Oench die Hälfte der Anheuser-Brauerei.

1872: Adolphus Busch liefert eisgekühltes Bier nach Texas.

1873: Adolphus Busch wendet erstmals die Methode des Pasteurisierens auf Biere an und ermöglicht durch die nun

*Beim Hochwasser des Rheins
vom November 1882 wurde auch die Rathausstraße
in Kastel überflutet.
Foto: Aufnahme eines unbekannten Fotografen*

bestehende Resistenz gegen Temperaturschwankungen eine gleichbleibende Qualität.

1875: Die Brauerei Anheuser wird Aktiengesellschaft. Adolphus Busch besitzt von den insgesamt 480 Aktien der Brauerei 238, Braumeister Erwin Spraul 2, Eberhard Anheuser 140 und H. A. Häussler als Treuhänder für „Lilly" Busch 100. Eberhard Anheuser ist Präsident der Brauerei, Adolphus Busch als „Secretary/Treasurer" für Finanzen verantwortlich.

1876: Adolphus Busch braut für seinen Freund Carl Conrad das Lagerbier „Budweiser", das sich bald sehr großer Nachfrage erfreut.

3. Februar 1878: Adolphus Busch gründet die „St. Louis Refrigerator Car Company", die Eisenbahn-Kühlwaggons herstellt.

1879: Wenige Monate vor seinem Tod wandelt Eberhard Anheuser seine Brauerei zur „Anheuser-Busch Brewing Associaton" um.

2. Mai 1880: Eberhard Anheuser erliegt in St. Louis im Alter von 73 Jahren einem Tumor im Hals. Adolphus Busch steigt durch das Erbe seiner Ehefrau „Lilly" zum Mehrheitseigner der Brauerei und in der Nachfolge seines Schwiegervaters zum Direktor der Brauerei auf. Er zieht in die Villa seines Schwiegervaters in St. Louis um. Der neue Wohnsitz erhält die Adresse „Number One Busch Place".

1882: Adolphus Busch schenkt den Opfern eines Hochwasser des Rheins in Kastel vom November 1882 viel Geld.

Januar 1883: Adolphus Busch kauft von dem in finanzielle Schwierigkeiten geratenen Carl Conrad den Namen „Budweiser" sowie die Abfüll- und Vermarktungsrechte.

Letztes Viertel des 19. Jahrhunderts: Adolphus Busch versucht erfolglos die 1688 von den Franzosen zerstörte Kauzenburg

Kupferstich von „Creutznach" (Kreuznach)
aus „Politisches Schatzkästlein" von Daniel Meisner,
Ausgabe bei Paul Fürst,
unter dem Titel „Solographia Cosmica" (1636).
Die damals noch unzerstörte Kauzenburg ist recht oben dargestellt.
Bild (via Wikimedia Commons),
Lizenz: gemeinfrei (Public domain)

bei Kreuznach zu erwerben, die er wieder aufbauen und als Residenz nutzen will.

1886: Adolphus Busch gründet die „Adolphus Busch Glass Manufacturing Company", die Bierflaschen für die Brauereien „Anheuser Busch" und Lemp herstellt.

1887: Adolphus Busch gründet die „Manufacturers Railway Company", die eine Flotte isolierter Getränke- und Getreidewaggons betreibt sowie Lokomotiven repariert und wartet.

1891: Adolphus Busch gründet die „South Side Bank" in St. Louis und wird deren Präsident.

1891: Adolphus Busch lässt beim Dorf Lindschied im Taunus nahe Langenschwalbach (seit 1927: Bad Schwalbach) die Sommerresidenz „Villa Lilly" errichten.

1894: Adolphus Busch setzt seinen Sohn August I. als Vizepräsidenten der Brauerei „Anheuser-Busch" ein und frönt mehr als früher der Reiselust.

9. Oktober 1897: Adolphus Busch kauft für umgerechnet eine Million Mark die Herstellungsrechte für den Dieselmotor für die USA.

Anfang 1898: Adolphus Busch lässt gründet die „Diesel Motor Company of America".

4. Januar 1899: In der Brauerei „Anheuser-Busch" in St. Louis wird der erste gewerblich genutzte Dieselmotor weltweit in Betrieb genommen.

1901: Die Brauerei „Anheuser-Busch" braut erstmals in einem Jahr eine Million Barrel Bier (rund 129 Millionen Liter Bier).

1902: Adolphus Busch und sein Bruder Ulrich lassen die Quelle des Ochsenbrunnens in der Gemarkung Kastel fassen und darüber ein grottenartiges Gewölbe errichten, das etwa sechs Meter breit, vier Meter hoch und sechs Meter tief ist.

*Zerstörte „San Francisco City Hall"*
*nach dem verheerenden Erdbeben am 18. April 1906*
*in Nordkalifornien.*
*Foto: Walter Curran Mandenhall, United Geological Survey*
*(via Wikimedia Commons),*
*Lizenz: gemeinfrei (Public domain)*

1904: Adolphus Busch macht sich als Förderer der Weltausstellung „Louisiana Purchase Expedition" („The Saint Louis World's Fair") von 1904 in St. Louis verdient. Er übernimmt die Position eines Messedirektors und schafft zusammen mit lokalen Bierbrauern eine naturgetreue Nachbildung eines Tiroler Alpendorfes mit riesigem Restaurant als größtem Veranstaltungsort der Weltausstellung.

1904: Adolphus Busch kauft in Pasadena (Florida) ein Grundstück mit Blick auf die Schlucht „Arroyo Seco" und lässt dort seine Winterresidenz „Ivy Wall" einrichten. Im Februar 1905 ist die Villa „Ivy Wall" bezugsfertig. Um „Ivy Wall" werden mit großem Kostenaufwand die „Sunken Gardens" („Schwebende Gärten") angelegt.

1904: Adolphus Busch stiftet der Kasteler Feuerwehr einen großen Mannschaftswagen mit einem Requisitenwagen und zwei Hydrantenwagen, zwei Saug- und Druckspritzen und eine Schiebeleiter.

1905: Adolphus Busch wird der „Kronenorden Zweiter Klasse" verliehen.

1905: Adolphus Busch wird vom amerikanischen Verteidigungsminister William Howard Taft in einem Brief mit der Anrede „My dear Prince" angeschieben. Taft war von 1909 bis 1912 der 27. US-Präsident. Auch andere Freunde bezeichnen Adolphus danach als „Prince" („Prinz").

1906: Adolphus Busch spendet nach dem verheerenden Erdbeben am 18. April 1906 in Nordkalifornien mit mehr als 3.000 Todesopfern 100.000 US-Dollar.

1906: Adolphus Busch wird Präsident der „Manufacturers Railway Company".

1906: Adolphus Busch gibt anlässlich einer Jagd den Auftrag, den Ochsenbrunnen in der Gemarkung Kastel zu erneuern.

Büsten von Adolphus und „Lilly" Busch im Park von Schloss Höhenried,
geschaffen 1913 von dem Bildhauer Johannes Boese (1856–1917).
Foto: Boschfoto / CC-BY-SA3.0 (via Wikimedia Commons),
lizensiert unter CreativeCommons-Lizenz by-sa-3.0-de,
https://creativecommons.org/licenses/by-sa/3.0/legalcode

1907: Die Brauerei „Anheuser-Busch" verkauft erstmals 1,6 Millionen Barrel Bier. Allein in St. Louis beschäftigt das Unternehmen 6.000 Mitarbeiter.

24. Dezember 1907: Der 68-jährige Adolphus Busch erkältet sich beim Warten auf einen Zug, zieht sich eine folgenschwere Lungenentzündung und eine Wassersucht zu. Fortan ist er krank und braucht ständig einen Arzt.

1908: Adolphus Busch stiftet nach dem furchtbaren Erdbeben von Messina in Italien mit 72.000 bis 110.000 Todesopfern 100.000 US-Dollar.

1908: Die Brauerei „Anheuser-Busch" braut ein alkoholfreies Malzbier namens „Bevo", das gut ankommt.

16. Dezember 1908: Adolphus Busch verfasst sein Testament.

1. März 1911: Langenschwalbach ernennt Adolphus Busch, den regelmäßigen Gast der Sommerresidenz „Villa Lilly" bei Lindschied, zum Ehrenbürger.

11. März 1911: Das Ehepaar Adolphus und „Lilly" Busch feiert seine „Goldene Hochzeit". „Lilly" erhält eine mit Diamanten und Perlen verzierte goldene Krone im Wert von etwa 200.000 US-Dollar als Geschenk. Jedes der Kinder bekommt einen standesgemäßen Wohnsitz.

Ende Mai 1911: Adolphus Busch erhält den preußischen „Rote Adler-Orden mit Kreuz Dritter Klasse".

Herbst 1911: Eine Gruppe religiöser Persönlichkeiten bezeichnet Adolphus Busch im Herbst 1911 als den „Ersten Bürger von St. Louis" („First Citizen"), weil er viel Geld für Wohltätigkeits-Organisationen der Stadt spendet.

November 1911: Adolphus Busch macht seinem Geburtsort, der seit der Eingemeindung zu Mainz am 1. April 1908 Mainz-Kastel heißt, das Angebot, 100.000 Reichsmark für die Errichtung eines „Adolphus-Busch-Park" zu spenden.

1912: Adolphus Busch lässt in Chicago und Dallas die vornehmen „Adolphus-Hotels" errichten.

1912: Adolphus Busch gründet zusammen mit dem Schweizer Ingenieur Sulzer in St. Louis die „Busch-Sulzer Brothers Diesel Engine Company".

20. September 1913: Adolphus Busch wird von Großherzog Ernst Ludwig von Hessen und bei Rhein in Mainz mit dem „Komturkreuz am Band Erster Klasse des Verdienstordens Philips des Großmütigen" ausgezeichnet.

10. Oktober 1913: Abends um 8.15 Uhr stirbt Adolphus Busch im Alter von 74 Jahren in seiner Sommerresidenz „Villa Lilly" bei Lindschied im Taunus friedlich im Schlaf.

25. Oktober 1913: Das Begräbnis von Adolphus Busch in St. Louis wird eines der berühmtesten des 20. Jahrhunderts.

1914: Im Jahr nach dem Tod von Adolphus Busch wird in St. Louis das Denkmal „Die nackte Wahrheit" enthüllt, für das Adolphus zwei Drittel der Gesamtkosten gespendet hat.

25. Februar 1928: „Lilly" Busch überlebt ihren Gatten Adolphus um 14 Jahre. Sie erliegt in Pasadena (Kalifornien) im Alter von 83 Jahren einem Herzinfarkt und einer Lungenentzündung.

# Nachtrag

Vor dem Erscheinen der ersten Auflage des Taschenbuches „Adolphus Busch. Das Leben des Bier-Königs" im Februar 2019 war es nicht möglich, das Kirchenbuch von „St. Vincenz" in Schöningen einzusehen. Denn vorher waren die Unterlagen wegen Digitalisierung ausgelagert. Im März 2019 bat der Autor Ernst Probst das „Landeskirchliche Archiv Wolfenbüttel" um eine Recherche wegen des Geburtstages der in Schöningen geborenen Marie Dorothee Franziska Anheuser, geborene Richter. Andere Autoren hatten zumeist 1815 als Geburtsjahr angegeben. Probst dagegen nahm 1813 an, was er anhand der Taufeinträge für sechs Kinder in „St. Stefani" in Helmstedt errechnete. Darin stand beispielsweise beim ersten Kind Wilhelm Gustav Anton, es sei am 6. 2. 1836 geboren und am 18. 3. 1836 getauft worden und die Mutter sei 22 Jahre alt. Doch dies hätte nur gestimmt, wenn die Mutter nicht nach dem 6. 2. zur Welt gekommen wäre.

Am 7. März 2019 kam vom „Landeskirchlichen Archiv Wolfenbüttel" eine gute Nachricht per E-Mail. Sie lautete: „Im Kirchenbuch von Schöningen St. Vincenz Taufen 1782–1814, auf Seite 735 unter Nr. 47 steht der Taufeintrag von Marie Dorothee Franzisca Richter. Sie ist am 08.09.1814 geboren und am 22.09.1814 getauft worden. Die Eltern sind der Bürger und Scherenschleifer Meister Johann Heinrich Anton Richter und dessen Ehefrau Augustine Schorsine, geb. Immig. Die Paten sind 1. die Ehefrau des Ackermanns Joh[ann] Heinrich Höhsten, Anna Marie, geb. Sudhofs in Alverstorf, 2. die Ehefrau des Ackermanns Joh[ann] And[reas] Müller, Dorothee Elisabeth, geb. Brandt in Alverstorf und 3. der Meister Franz Deicke, Müller im Westendorfe."

Eine weitere interessante Auskunft des „Landeskirchlichen Archivs Wolfenbüttel" erhielt der Autor Ernst Probst am 11. März 2019 per E-Mail. Sie lautete: „In dem Kirchenbuch von Helmstedt St. Stephani Trauungen 1831–1852, auf Seite 94, unter Nr. 68 steht folgender Eintrag: Herr Eberhard Anheuser, Bürger und Seifensiedermeister, ehelicher Sohn des Kaufmannes Herrn Jacob Anheuser und dessen verstorbene Ehefrau Elisabeth Hönes. Bei der Braut handelt es sich um die Jungfer Marie Dorothee Franziska Richter, eheliche Tochter des Bürgers und Kramnädlers Johann Heinrich Anton Richter zu Schöningen und dessen Ehefrau Auguste Georgine Immig. Die Trauung war am 19. 11. 1835 in Schöningen. Anzunehmen ist, dass die Trauung in St. Vincenz Schöningen stattgefunden hat. Die Kirchenbücher liegen allerdings vor Ort, bei uns im Archiv haben wir die Kirchenbücher nur bis 1814."

Trotz zahlreicher Anfragen in Bremerhaven und Bremen konnten die Autoren des Taschenbuches „Adolphus Busch. Das Leben des Bier-Königs" vor dem Erscheinen der ersten Auflage nicht die Passagierliste des Schiffes „North Star" beschaffen, mit dem Adolphus in New York angekommen war. Die Redakteurin Lisa Boekhoff, Autorin des Zeitungsartikels „Wie der Bierkönig nach St. Louis kam" vom 3. August 2018 im Bremer „Weser-Kurier", teilte am 9. Januar 2019 auf Anfrage per E-Mail mit, Busch sei am 23. Oktober 1857 in New York angekommen. Das „Deutsche Auswandererhaus" in Bremerhaven besitze eine Passagierliste mit seinem Namen. Die Liste war dort aber nicht beschaffbar.

Am 8. März 2019 geschah ein „kleines Wunder": Der Auswanderungsexperte Dr. Wolfgang Grams, Gründer und Inhaber des privatwirtschaftlichen Instituts „Routes to the Roots – Research and Travel" (www.routes.de) in Oldenburg schickte dem Autor Ernst Probst per E-Mail Scans der

Passagierliste der „North Star", die am 22. Oktober 1857 in New York eingetroffen war. Die „North Star" ist am 23. Oktober 1857 abgefertigt worden und der Kapitän hat an jenem Tag der zuständigen Behörde die Passagierliste ausgehändigt. In der Mitte von Seite 4 der Passagierliste steht: „Adolph Busch, 19 Jahre, Farmer, Germ(any)". In Wirklichkeit war der am 10. Juli 1839 in Kastel geborene Adolphus erst 18 Jahre alt. In der nächsten Zeile wird auf der Passagierliste „J" Busch, 23 Jahre alt, erwähnt. Dabei könnte es sich vielleicht um den am 3. Juni 1835 in Kastel geborenen Bruder von Adolphus namens Joseph Baptist Busch handeln, der damals allerdings erst 22 Jahre alt war und 1895 in Sullivan (Missouri) starb. Nach Auskunft von Dr. Grams ist die „North Star" aus Bremerhaven gekommen, hat einen Stop in Southampton (England) gemacht und war insgesamt wohl geschätzte 20 Tage nach New York unterwegs.

Quelle: Ancestry.com. New York, Passagierlisten, 1820–1957 [Datenbank online]. Provo, UT, USA: Ancestry.com Operations, Inc., 2010.

Ursprüngliche Daten: Passenger Lists of Vessels Arriving at New York, New York, 1820–1897. Microfilm Publication M237, Records of the U.S. Customs Service, Record Group 36. National Archives at Washington, D.C.

# Register

# Literatur

10,000 PAY HONORS TO BUSH AT HOME ON EVE OF FUNDERAL. St. Louis Republic, 25. Oktober 1913

1852–1952 ANHEUSER-B. In: The Brewers Digest 1952, S. 62

25 TRUCK LOADS OF FLOWERS SENT TO BUSCH FUNERAL. St. Louis Post-Dispatch, S. 1, St. Louis, 25. Oktober 1913

ADOLPH ANHEUSER. Find A Grave
https://www.findagrave.com/memorial/100602662/adolph-anheuser

ADOLPHUS BUSCH. Find A Grave
https://www.findagrave.com/memorial/154/adolphus-busch

ADOLPHUS „BULFY" BUSCH, JR. Find A Grave
https://www.findagrave.com/memorial/100607358/adolphus-busch

ADOLPHUS BUSCH BURIAL TO BE HERE; BREWERY TO CLOSE. St. Louis Republic, 12. Oktober 1913

ADOLPHUS BUSCH DIES ABROAD. Wife and Son at His Bedside. St. Louis Republic, S. 1–3, St. Louis, 11. Oktober 1913

ADOLPHUS BUSCH IS DEAD IN HIS CASTLE ON THE RHINE. St. Louis Globe Democrat, 11. Oktober 1913

ADOLPHUS BUSCH III. Find A Grave
https://www.findagrave.com/memorial/9311/adolphus-busch

ANHEUSER, Egon (1912–2009) Gesellschaft für die Geschichte des Weines e. V.
https://www.geschichte-des-weines.de/

index.php?option=com_content&view=article&id=645:anheuser-egon-1912-2009&catid=45:persoenlichkeiten-a-z&Itemid=83
ANNA ANHEUSER BUSCH. Find A Grave
https://www.findagrave.com/memorial/186417365/anna-busch
ANTHONY „TONY" FAUST. Find A Grave
https://www.findagrave.com/memorial/6133084/anthony-faust
ARTHUR J. Magnus. Find A Grave
AUGUST ANHEUSER „GUSSIE" BUSCH, JR. Find A Grave
https://www.findagrave.com/memorial/9312
https://www.findagrave.com/memorial/174942496/arthur-j_-magnus
BARBARA PFEIFFER BUSCH. Find A Grave
https://www.findagrave.com/memorial/39613059/barbara-busch
BARON, Stanley Wade: Brewed in America: A History of Beer and Ale in the United States. Boston 1962
BARTHOLDT, Richard: From Steerage to Congress, Philadelphia 1930
BIER-SPOT MIT HESSISCHEM AUSWANDERER SORGT IN DEN USA FÜR FURORE. Frankfurter Neue Presse, 3. Februar 2017
https://www.fnp.de/hessen/bier-spot-hessischem-auswanderer-sorgt-furore-10487265.html
BODY OF BUSCH TO LIE IN STATE IN ST. LOUIS. St. Louis Post-Dispatch, S. 3, St. Louis, 12. Oktober 1913
BOCK, Oliver: Budweiser-Gründer. Der Bierkönig und seine Sommerfrische. Frankfurter Allgemeine Zeitung, Rhein-Main, Frankfurt am Main, 9. Oktober 2013

BOECKHOFF, Lisa: Wie der Bierkönig nach St. Louis kam. Weser-Kurier, 3. August 2018

BÖHM-HAIMERL, Sylvia: Höhenrieder Schloss. Ein wahr gewordener Traum. Artikel in der Starnberger Lokalausgabe der Süddeutschen Zeitung, 31. August 2015

BROOKS, Jay: Historic Beer Birthday: Adolphus Busch. Brookston Beer Bulletin
https://brookstonbeerbulletin.com/historic-beer-birthday-adolphus-busch/

BROOKS, Jay: Historic Beer Birthday: Eberhard Anheuser. Brookston Beer Bulletin
https://brookstonbeerbulletin.com/historic-beer-birthday-eberhard-anheuser/

BROOKS, Jay: Historic Beer Birthday: Lilly Busch. Brookston Beer Bulletin
https://brookstonbeerbulletin.com/historic-beer-birthday-lilly-anheuser/

BUSCH BODY MOVES THRO'SILENT THRONG TO RESTING PLACE. St. Louis Republic, 26. Oktober 1913

BUSCH BURIAL PLANS STILL INCOMPLETE. St. Louis Republic, 24. Oktober 1913

BUSCH EMPLOYEES FEAST AND DANCE AT THE COLLISEUM. St. Louis Post-Dispatch, S. 5, St. Louis, 8. März 1911

BUSCHES WITH BODY ON SPECIAL TRAIN TO ARRIVE TO-NIGHT. St. Louis Republic, 22. Oktober 1913

BUSCH RELATIVES – Busch-Forum für Familiengeschichte und Genealogie
https://www.ancestry.de/boards/surnames.busch/373/mb.ashx

BUSCH, ULRICH JR. & ANHEUSER, Anna

https://www.ancestry.de/boards/surnames.busch/574/mb.ashx

CAROLA WALLENSTEIN WAGNER. Find A Grave
https://www.findagrave.com/memorial/31326645/carola-wagner

CASSILY ADAMS – CUSTERS LAST FIGHT. Death Notices: Indiana Star, 9. Mai 1921. Historic Traders Point Indiana
https://historictraderspoint.org/cassilly-adams-custers-last-fight

COCHRAN, Thomas C.: The Pabst Brewing Company. The History of an American Business, New York 1948

CONARD, H. L. / HYDE, W.: Encyclopaedia of the History of St. Louis, St. Louis 1899

CRONAU, Rudolf, Drei Jahrhunderte deutschen Lebens in Amerika. Eine Geschichte der Deutschen in den Vereinigten Staaten, Berlin 1909, unveränderter Reprint, Koblenz 2010

CUSHMAN, Barry: Headline Kidnappings and the Origins of the Lindbergh Law. Notre Dames Law School NDLScholarship, Notre Dame 2011

DAVID, Fred: Milliardäre unter sich. Die Bier-Opec. Manager-Magazin, 4. August 2008
http://www.manager-magazin.de/unternehmen/artikel/a-567312.html

DIEHL, Fritz: Vom Kabinen-Steward zum amerikanischen Bierkönig. Der Kasteler Adolphus Busch vergaß seine Heimat dennoch nicht. Allgemeine Zeitung, Mainz

DIEHL, Fritz: 2000 Jahre Kastel in Wort und Bild. Mainz 1989

DIEHL, Fritz: Sagenhafte Karriere des Kasteler Adolphus Busch in Amerika. In: Leitfaden durch die Kasteler Geschichte, S. 32/33. Mainz-Kastel 2000

DILLIARD, I: Busch, Adolphus. Dictionary of American Biography, Band 21, New York 1944

DOROTHEA RICHTER ANHEUSER. Find A Grave
https://www.findagrave.com/memorial/8055159/dorothea-anheuser

DÖRR, Gottfried: Geschichte von Kastel. Mainz 1960

EBERHARD ANHEUSER. Find A Grave
https://www.findagrave.com/memorial/9309/eberhard-anheuser

EBERHARD ANHEUSER. Revolvy
https://www.revolvy.com/page/Eberhard-Anheuser

EBERHARD ANHEUSER (1806–1880), Immigrant Entrepreneurship. German-American Business Biographies
https://www.immigrantentrepreneurship.org/entry.php?rec=196#_edn1

EDMÉE BUSCH GREENOUGH. Find A Grave
https://www.findagrave.com/memorial/167377750/edm_e-greenough

EDWARD ANTHONY FAUST. Find A Grave
https://www.findagrave.com/memorial/100603822/edward-anthony-faust

ELIZABETH LILLY ANHEUSER BUSCH. Find A Grave
https://www.findagrave.com/memorial/7431249/elizabeth-lilly-busch

ELIZABETH OVERTON BUSCH. Find A Grave
https://www.findagrave.com/memorial/6216016/elizabeth-busch

EMNET, Birgit. Ein Lichtstrahl erhellt „Villa-Lilly"-Mythos. Wiesbadener Kurier, 22. Juli 1986

EMNET, Birgit: „Villa Lilly" oder Eine deutsch-amerikanische Saga. Wiesbadener Kurier, 29. August 1984

FOCUS MONEY: InBev & Anheuser. Beck's und Bud werden Brüder. München, 14. Juli 2008

FUNERAL OF ADOLPHUS BUSCH IS DRAMATIC. Thousands Join in Tribute to His Memory. St. Louis Globe-Democrat, S. 1, St. Louis, 26. Oktober 1913

FUNKE, Bernd: Wenn der Trapper seine Maß stemmt ... Nach Handkäs setzte Adolph auf Hopfen und Malz. Mainz (Vierteljahresschrift), S. 15–20, Juni 1976

GERTRUDE „TRUDY" BUHOLZER BUSCH. Find A Grave https://www.findagrave.com/memorial/162540165/gertrude-busch

GIFTS WORTH HALF MILLION AT BUSCH GOLDEN WEDDING INCLUDE KAISER'S TRIBUTE. St. Louis Post-Dispatch, S. 1, St. Louis, 7. März 1911

GOLDEN WEDDING OF BUSCHS TODAY. Los Angeles Herald, Volume 33, Number 157, 7. März 1911

HERNON, Peter / GANEY, Terry: Under the Influence. The Unauthorized Story of the Anheuser-Busch Dynasty, 1991

HESSISCHES STAATSARCHIV MARBURG – PERSONENSTANDSARCHIV Hessen. (Standort: Neustadt Hessen) https://arcinsys.hessen.de/arcinsys/detailAction.action?detailid=g31726

HOLIAN, Timothy J.: Adolphus Busch. In: Immigrant Entrepreneurship: German-American Business Biographies, 1720 to the Present, vol. 2, edited by William J. Hausman. German Historical Institute, 9. August 2013.

HOLLAND, Gerald: The King of Beer. In: The American Mercury, S. 171–178, New York, Oktober 1929

HUGO REISINGER. Find A Grave https://www.findagrave.com/memorial/149065272/hugo-reisinger

IMMIGRANT SHIPS TRANSCRIBERS GUILD. SHIP NORTH STAR. ISTGF Home Page
https://immigrantships.net/v4/1/1800v4/northstar18570825.html

JACOB W. LOEB. Find A Grave
https://www.findagrave.com/memorial/155933346/jacob-w-loeb

JOHN B. BUSCH. Find A Grave
https://www.findagrave.com/memorial/14577558/john-b.-busch

JULIUS CAESAR STRAUSS. Broadway Photographs
https://broadway.cas.sc.edu/content/julius-caesar-strauss

JUNG, Hendrik: Lindschied: Martin Pfannekuch kümmert sich um den Altbaumbestand des Therapiedorfes Lilly. Wiesbadener Tagblatt, 30. August 2017

JUNG, Hendrik: Ein Herz für den Untertaunus. Adolphus Busch gestaltete seine Ländereien rund um die Villa Lilly mit Leidenschaft. Jahrbuch des Rhein-Taunus-Kreises 2018, Beiträge zur Gegenwart und Geschichte, 69. Jahrgang, S. 57-60, Bad Schwalbach 2018

KARGAU, Ernst D.: St. Louis in früheren Jahren. Ein Gedenkbuch für das Deutschthum, St. Louis 1893

KASTELER SPUREN IM BIER-IMPERIUM. Krug als Museumsexponat / Erinnerung an den Brauerei-Gründer Busch. Wiesbadener Kurier, 14. Dezember 2006

KETTENBACH, August: Der arme Bierbrauer aus Castell – Industriepionier in den USA. Wiesbadener Kurier, 17. Oktober 1983

KING OF BOTTLED BEER. In: Fortune, Chicago, Juli 1935

KLEBER, Hans-Peter: Peter Joseph Osterhaus. Ein deutsch-amerikanisches Leben. In: Koblenzer Beiträge zur Geschichte und Kultur. Neue Folge 2, S. 87–130, Koblenz 1992

KNOEDELSEDER, William: Bitter Brew. The Rise and Fall of Anheuser-Busch and America's Kings of Beer, New York 2012

KREBS, Roland / ORTHWEIN, Percy J.: Making friends is our Business. 100 Years of Anheuser-Busch, St. Louis 1953

KURREK, Fritz: Aus der amerikanischen Gründerzeit. Das größte Brauhaus der Welt. DAMALS – Zeitschrift für geschichtliches Wissen, Heft 4, S. 356–362, April 1983

LAUX, Susanne: Von einem der auszog, Bier zu brauen. Mainzer-Rhein-Zeitung, 12. Oktober 1988

LEAVES $60,000,000 SUM, CUT BY PHILANTHROPIES. St. Louis Globe-Democrat, St. Louis, S. 2, 11. Oktober 1913

LEHNE, Klaus: Adolphus Busch – Kasteler gründet in St. Louis die größte Bierbrauerei der Welt. AKK-Zeitung, 7. Mai 2018
https://akkzeitung.de/2018050734789/allgemeines/adolphus-busch-kasteler-gruendet-in-st.-louis-groesste-bierbrauerei-der-welt.html

LEIACKER, Heike: Die Deutschen und ihr Bier – Teil 3. Beyond History
https://www.beyond-history.de/blog/article/2017/05/02/die-deutschen-und-ihr-bier-teil-3/

LEVIS DAVID DOZIER. Find A Grave
https://www.findagrave.com/memorial/146510276/lewis-david-dozier

LIEUT. SCHARRER OF GERMANY AND MISS BUSCH ARE WEDDED. Los Angeles Herald, Volume 33, Number 155, 4. März 1906

LINDSCHIED. Historisches Ortslexikon
https://www.lagis-hessen.de/de/subjects/idrec/sn/ol/id/439002070
LOST TABLES. TONY FAUST'S
http://www.losttables.com/faust/faust.htm
MARGARET M. ROHDE SNYDER BUSCH. Find A Grave
https://www.findagrave.com/memorial/9351826/margaret-m-busch
MARIE CHRISTY CHURCH BUSCH. Find A Grave
https://www.findagrave.com/memorial/9351779/marie-christy-busch
MARIE ELEANOR BUSCH CONDIE. Find A Grave
https://www.findagrave.com/memorial/52202785/marie-eleanor-condie
MAY, Karl Hermann: Lindschied und Heimbach. Zwillings-gemeinden in alter und neuer Zeit. Schriftenreihe des Deutsch-Schweizerischen Landeserziehungsheims, Heft 1, Lindschied/Bad Schwalbach
MAY, Karl Hermann: Adolph Busch. Der Untertaunus. Hei-matjahrbuch des Untertaunuskreises, S. 72–77, 1964
MISCHKE, Erhard: Adolphus Busch aus Mainz-Kastel. Ein Pionier der Braukunst. ConSens 1. Das Seniorenmagazin für die Landeshauptstadt Mainz, S. 32–33, Mainz 2011
MRS. BUSCH AIDS IN WAR HOSPITAL. Los Angeles Herald, 26. Januar 1917
NELLIE BUSCH LOEB. Find A Grave
https://www.findagrave.com/memorial/168425961/nellie-loeb
PAUL ANHEUSER. WEINGUT BAD KREUZNACH. NAHE: Familiengeschichte
http://www.anheuser.de/

paul_anheuser_familiengeschichte.html

PLAVCHAN, Ronald Jan: A History of Anheuser-Busch, 1852–1933, PHD Dissertation St. Louis, St. Louis University, 1969

PRIMM, James N. / ZORN, Wolfgang: Busch, Adolphus. In. Neue Deutsche Biographie 3 (1957), S. 58 f. (Onlinefassung) http://www.deutsche-biographie.de/pnd1357065548.html

PROBST, Ernst: Sarah Bernhardt. In: Superfrauen 7 – Film und Theater. S. 379–382, München 2001

PROBST, Ernst: Sacajawea. Die indianische Volksheldin. München 2014

PROBST, Ernst / PROBST, Doris: 5000 Jahre Kostheim. Von der Steinzeit bis zum 21. Jahrhundert, Leipzig 2018

PROBST, Ernst / PROBST, Doris: 6000 Jahre Kastel. Von der Steinzeit bis zum 21. Jahrhundert, Leipzig 2018

RENKHOFF, Otto: Nassauische Biographie. Kurzbiographien aus 13. Jahrhunderten, S. 58, Wiesbaden 1992

ROMBAUER, R. J. : The Union Cause in St. Louis in 1861, St. Louis 1909

SAMUEL EDISON WOODS. Find A Grave https://www.findagrave.com/memorial/176776532/samuel-edison-woods

SANDBERG, Maxine S.: The Life and career of Adolphus Busch, Texas 1952

SCHENCK zu Schweinsberg, Christoph, The german element. Deutsche Einwanderer in den USA, Hamburg/Wien 2003

SCHMAHL, Helmut: Rheinhessische Brauer in Milwaukee. In: Verpflanzt, aber nicht entwurzelt. Die Auswanderung aus Hessen-Darmstadt (Provinz Rheinhessen) nach Wisconsin im 19. Jahrhundert. Frankfurt am Main 2000 (Mainzer Studien zur Neueren Geschichte, 1)

SCHULTE, Winfried J.: Amerikas Bierkönig kam aus Kastel. Allgemeine Zeitung, Mainz, 5. Juli 1989

SCHULTE, Winfried J.: Nach Kastel stets mit dem eigenen Salonwagen. Allgemeine Zeitung, Mainz, 6. Juli 1989

SEBALD, Katja: Badeland der Bierprinzessin. Spiegel Online, 4. Dezember 2009

http://www.spiegel.de/einestages/jetset-damals-a-948639.html

SHIP WITH BUSCH BODY SAILS FOR U. S. St. Louis Republic, 15. Oktober 1913

SÖDER, Dagmar: Kunstdenkmäler in Hessen. Rheingau-Taunus-Kreis II. Altkreis Untertaunus. Denkmaltopographie Bundesrepublik Deutschland, Wiesbaden 2003

STEICHEN, Girard C.: Arizona Authorities Querying Witnesses In Busch their Crash. St. Louis Post-Dispatch, 15. November 1993

https://www.newspapers.com/clip/25351116/nov_13_1983_woman_dies_after_august

STOPPELBEIN, Susanne: Therapiedorf Villa Lilly in Lindschied wird 30 Jahre alt. Wiesbadener Kurier, 2017

STORIES OF THE PERSONAL SIDE OF ADOLPHUS BUSCH. St. Louis Post-Dispatch, S. 4, St. Louis, 12. Oktober 1913

STRECKFUSS, Werner: Adam Hammer, 1918–1828: ein badischer Achtundvierziger. Heimatverein Kraichgau 1998

SWR FERNSEHEN: Die Bier-Pioniere: Vom unaufhaltsamen Siegeszug deutscher Brauereifamilien in den USA, 7. Oktober 2018, 20.15 Uhr

TENBROCK, Christian: Ende einer Bier-Tradition: Der deutschstämmige Brauer Pabst in Milwaukee muß aufgeben. Die Zeit, 3. Januar 1997

THE BARON OF BEER. In: Time, S. 46–50, New York, 11. Juli 1955

THE NEW YORK TIMES: Adolphus Busch Dies in Prussia, 11. Oktober 1913
https://timesmachine.nytimes.com/timesmachine/1913/10/11/100651720.pdf

THE REMARKLE TRUE LIFE SUCCCESS STORY OF ADOLPHUS BUSCH. St. Louis Post-Dispatch, S. 3, St. Louis, 11. Oktober 1913

THOMANN, Björn: Eberhard Anheuser. Brauereibesitzer (1805–1880). Portal rheinischer Geschichte
https://www.rheinische-geschichte.lvr.de/Persoenlichkeiten/eberhard-anheuser/DE-2086/lido/57adb032711c81.61131894

THOMAS JR., Robert McG: August A. Busch Jr. Dies at 90: Built Largest Brewing Company. The New York Times, 30. September 1989

ULRICH BUSCH. Find A Grave
https://www.findagrave.com/memorial/39613012/ulrich-busch

VEREIN FÜR COMPUTERGENEALOGIE
http://gedbas.genealogy.net

VILLA LILLY. Website der Jugendberatung und Jugendhilfe e. V. zur Villa Lilly
https://www.bad-schwalbach.de/inhalte/1028382/villa-lilly/index.html

WESTERKAMP, Johannes: Prinz Busch. Studien zum Leben und Wirken des Deutsch-Amerikaners Adolphus Busch. Hausarbeit zur Erlangung des Akademischen Grades eines Magister Artium vorgelegt dem Fachbereich 14 Philologie II der Johannes Gutenberg-Universität zu Mainz von Johannes Westerkamp aus Gerolstein, Mainz 1991

WHO'S WHO IN AMERICA: Chicago 1912 bis 1913
WIEDE, Peter: Die Dollarkönigin vom Starnberger See. Das
verrückte Luxusleben der Wilhelmina Busch (1848–1952).
Tutzing 2005
WIKIPEDIA (Online-Lexikon): Adolphus Busch
https://de.wikipedia.org/wiki/Adolphus_Busch
WIKIPEDIA (Online-Lexikon) Adolphus Busch III
https://en.wikipedia.org/wiki/Adolphus_Busch_III
WIKIPEDIA (Online-Lexikon) Anheuser-Busch Companies
https://de.wikipedia.org/wiki/Anheuser-Busch_Companies
WIKIPEDIA (Online-Lexikon) August Anheuser Busch
https://de.wikipedia.org/wiki/August_Anheuser_Busch
WIKIPEDIA (Online-Lexikon) August Busch IV
https//en.wikipedia.org/wiki/August_Busch_IV
WIKIPEDIA (Online-Lexikon): Eberhard Anheuser
https://de.wikipedia.org/wiki/Eberhard_Anheuser
WIKIPEDIA (Online-Lexikon): Eduard Scharrer
https://de.wikipedia.org/wiki/Eduard_Scharrer
WIKIPEDIA (Online-Lexikon) Inbev
https://de.wikipedia.org/wiki/Inbev
WIKIPEDIA (Online-Lexikon) Paul von Gontard
https://de.wikipedia.org/wiki/Paul_von_Gontard
WIKIPEDIA (Online-Lexikon) Peter Joseph Osterhaus
https://de.wikipedia.org/wiki/Peter_Joseph_Osterhaus
WIKIPEDIA (Online-Lexikon) SABMiller
http://de.wikipedia.org/wiki/SABMiller
WIKIPEDIA (Online-Lexikon): Villa Lilly
https://de.wikipedia.org/wiki/Villa_Lilly
WIKIPEDIA (Online-Lexikon) Washakie
https://de.wikipedia.org/wiki/Washakie

WILHELMINA „MINNA" BUSCH WOODS. Find A Grave
https://www.findagrave.com/memorial/176776444/
wilhelmina-woods
WILHELMINA „MINNIE" ANHEUSER SCHUTTLER.
Find A Grave
https://www.findagrave.com/memorial/172455641/
wilhelmina-schuttler
WILLIAMS, Ralph: Executive's Son Fatally Shot At Busch's
Farm. St. Louis Post-Dispatch, 10. Februar 1976
https://www.newspapers.com/clip/8380419/
david_leeker_is_shot_and_killked_at

# Die Autoren

Ernst Probst und Doris Probst, geborene Baumbauer, leben seit 1983 mehr als 30 Jahre nahe an der Grenze zu Kastel in Kostheim. Ernst Probst kam 1946 in Neunburg vorm Wald in Bayern zur Welt und arbeitete als Zeitungsredakteur in Nürnberg, Bayreuth und Mainz. Von 1986 bis 2018 veröffentlichte er zahlreiche Bücher, Taschenbücher und Broschüren über die Themenbereiche Paläontologie, Kryptozoologie, Archäologie, Geschichte und Aphorismen. Zwischen 2001 und 2006 betätigte er sich als Buchverleger sowie weltweit als Antiquitäten- und Fossilienhändler. Seine 1947 in Idar-Oberstein an der Nahe geborene Ehefrau Doris unterstützte ihn im Verlag und Handel und gab ab 2001 Taschenbücher mit Weisheiten und Torheiten über das Alter, die Arbeit, die Ehe, die Frauen, den Fußball, die Kinder, die Liebe und die Männer sowie mit Gedichten über Tiere heraus. Auch bei einigen Sachbüchern wirkte sie mit.

*Ernst Probst und Doris Probst. Foto: Karin Luchs, Mainz-Finthen*

# Bücher von Ernst Probst

(Auswahl)

Rekorde der Urzeit. Landschaften, Pflanzen und Tiere
Dinosaurier von A bis K. Von Abelisaurus
bis zu Kritosaurus
Dinosaurier von L bis Z. Von Labocania
bis zu Zupaysaurus
Dinosaurier in Deutschland
Dinosaurier in Baden-Württemberg
Dinosaurier in Bayern
Dinosaurier in Niedersachsen
Raub-Dinosaurier von A bis Z
Der rätselhafte Spinosaurus. Leben und Werk
des Forschers Ernst Stromer von Reichenbach
Vogelriesen in der Urzeit
Aepyornis. Der Vogel, der die größten Eier legte
Archaeopteryx. Die Urvögel aus Bayern
Argentavis. Der größte fliegende Vogel
Brontornis. Riesenvögel in Argentinien
Dinornis. Der größte Vogel aller Zeiten
Dromornis. Der schwerste Vogel aller Zeiten
Gastornis. Der verkannte Terrorvogel
Harpagornis. Der größte Greifvogel der Neuzeit
Hesperornis. Der große Vogel des Westens
Pelagornis. Der größte Meeresvogel
Phorusrhacos. Der riesige Terrorvogel
Der Ur-Rhein. Rheinhessen vor zehn Millionen Jahren
Als Mainz noch nicht am Rhein lag
Der Rhein-Elefant. Das Schreckenstier von Eppelsheim

Krallentiere am Ur-Rhein
Menschenaffen am Ur-Rhein
Säbelzahntiger am Ur-Rhein
Johann Jakob Kaup. Der große Naturforscher
aus Darmstadt
Säbelzahnkatzen. Von Machairodus bis zu Smilodon
Die Säbelzahnkatze Machairodus
Die Säbelzahnkatze Homotherium
Die Dolchzahnkatze Megantereon
Die Dolchzahnkatze Smilodon
Tiere der Urwelt. Leben und Werk des Berliner Malers
Heinrich Harder
Deutschland im Eiszeitalter
Der Mosbacher Löwe
Der Höhlenlöwe
Höhlenlöwen. Raubkatzen im Eiszeitalter
Der Europäische Jaguar
Eiszeitliche Raubkatzen in Deutschland
Eiszeitliche Geparde in Deutschland
Eiszeitliche Leoparden in Deutschland
Löwenfunde in Deutschland, Österreich
und der Schweiz
Der Höhlenbär
Das Mammut
Monstern auf der Spur. Wie die Sagen über Drachen, Riesen
und Einhörner entstanden
Affenmenschen. Von Bigfoot bis zum Yeti
Nessie. Das Monsterbuch
Seeungeheuer. 100 Monster von A bis Z
Rekorde der Urmenschen. Erfindungen, Kunst
und Religion

Die ersten Bauern in Deutschland. Die Linienbandkeramische
Kultur
Das Rätsel der Großsteingräber
Was ist ein Menhir? Interview mit dem Mainzer Archäologen
Dr. Detert Zylmann
Die Frühbronzezeit in Deutschland
Die Mittelbronzezeit in Deutschland
Die Spätbronzezeit in Deutschland
Sieben berühmte Indianerinnen
Superfrauen aus dem Wilden Westen
Der Schwarze Peter. Ein Räuber im Hunsrück und Odenwald
Julchen Blasius. Die Räuberbraut des Schinderhannes
Hildegard von Bingen. Die deutsche Prophetin
Königinnen des Theaters
Königinnen des Tanzes
Königinnen des Films 1: Biografien berühmter
Schauspielerinnen von Lucille Ball bis zu Sophia Loren
Königinnen des Films 2: Biografien berühmter
Schauspielerinnen von Anna Magnani bis zu Mae West
Königinnen der Lüfte
Königinnen der Lüfte von A bis Z
Christl-Marie Schultes. Die erste Fliegerin in Bayern
Tony und Bruno Werntgen. Zwei Leben für die Luftfahrt

Bestellungen bei: www.grin.com

5000 Jahre Kostheim. Von der Steinzeit bis zum 21. Jahrhundert (zusammen mit Doris Probst)

6000 Jahre Kastel. Von der Steinzeit bis zum 21. Jahrhundert (zusammen mit Doris Probst)

Felicitas von Berberich. Die große Wohltäterin von Kostheim (zusammen mit Doris Probst)

Kanuten-König Christel Brandbeck (zusammen mit Doris Probst)

Bestellungen bei: www.amazon.de

# Bücher von Doris Probst

(Herausgeberin)

Adlerschrei und Zitronenfalter. Gedichte über Tiere
Der Ball ist ein Sauhund. Weisheiten und Torheiten
über Fußball (zusammen mit Ernst Probst)
Weisheiten und Torheiten über das Alter
Weisheiten und Torheiten über die Arbeit
Weisheiten und Torheiten über die Ehe
Weisheiten und Torheiten über Frauen
Weisheiten und Torheiten über Kinder
Weisheiten und Torheiten über die Liebe
Weisheiten und Torheiten über Männer
Worte sind wie Waffen. Weisheiten und Torheiten über
die Medien (zusammen mit Ernst Probst

Bestellungen bei: www.grin.com